Informatik aktuell

Herausgeber: W. Brauer
im Auftrag der Gesellschaft für Informatik (GI)

Springer
Berlin
Heidelberg
New York
Barcelona
Hongkong
London
Mailand
Paris
Singapur
Tokio

Peter Holleczek (Hrsg.)

PEARL 98
Echtzeitsysteme im Netz

Workshop über Realzeitsysteme

Fachtagung der GI-Fachgruppe 4.4.2
Echtzeitprogrammierung, PEARL
Boppard, 26./27. November 1998

Springer

Herausgeber

Peter Holleczek
Regionales Rechenzentrum
der Universität Erlangen-Nürnberg
Martensstraße 1, D-91058 Erlangen

Programmkomitee

F. Ahlers	Heidelberg
R. Arlt	Hannover
W. Gerth	Hannover
W. A. Halang	Hagen
K. Mangold	Konstanz
R. Müller	Leipzig
H. Rzehak	München
B. Scherff	Viersen
G. Thiele	Bremen
H. Windauer	Lüneburg

Die Deutsche Bibliothek - CIP-Einheitsaufnahme

Echtzeitsysteme im Netz : Fachtagung der GI-Fachgruppe 4.4.2 Echtzeitprogrammierung PEARL, Boppard, 26./27. November 1998 / PEARL '98. Peter Holleczek (Hrsg.). - Berlin ; Heidelberg ; New York ; Barcelona ; Budapest ; Hongkong ; London ; Mailand ; Paris ; Singapur ; Tokio : Springer, 1998
(Informatik aktuell)
ISBN-13:978-3-540-65115-4 e-ISBN-13:978-3-642-60022-7
DOI:10.1007/978-3-642-60022-7

CR Subject Classification (1998): C.3

ISBN-13:978-3-540-65115-4 Springer-Verlag Berlin Heidelberg New York

Satz: Reproduktionsfertige Vorlage vom Autor/Herausgeber

SPIN: 10573314 33/3142-543210 – Gedruckt auf säurefreiem Papier

Vorwort

Vernetzte Rechner sind, gerade durch den Internet-Boom und Wortschöpfungen wie "Intranet", in Realität und Bewußtsein der Geschäftswelt eine Selbstverständlichkeit geworden. Sogar Programmiersprachen (wie JAVA), Middleware (wie CORBA) haben ihren modernen Ursprung im Internet-Umfeld, während man sich früher mit Socket-Programmierung herumschlagen mußte. Geschickte Hersteller werben gar mit dem Slogan "Das Netz ist der Computer".
Vernetzte Rechner treffen die Echtzeitgemeinde nicht unvorbereitet. Ansätze wie "Verteiles PEARL" und "Mehrrechner-PEARL" sind bereits Geschichte und zeugen von einem vorausschauenden Problembewußtsein von Fachleuten, die deterministisches und zuverlässiges Kommunikationsverhalten als höchstes Ziel in der Echtzeitprogrammierung betrachtet haben. Heute überschwemmt uns das Internet mit einer Dienstqualität, die objektiv nur mit "best effort" beschrieben werden kann. Im Bereich der Lokalen Netze hat das genial einfache, aber chaotische Ethernet andere artifizielle Konstruktionen für das Fertigungsumfeld – wie den Token-Bus – fast in Vergessenheit gebracht. Geht den Anwendern die technische Basis und den Fachleuten die Kenntnis verloren, die da lautet, daß Echtzeit etwas mit rechtzeitig zu tun hat und nicht durch immer nur noch schnellere Übertragung zu sichern ist?

Ich glaube nicht. Die Beiträge zeigen, wie man mit dem Internet leben kann. In manchen Kernbereichen hat es noch gar keinen Eingang gefunden. Andererseits bietet gerade das Internet für Echtzeit-Fachleute ein intensives Betätigungsfeld. Das ist unser Schwerpunktthema: Echtzeitsysteme im Netz.

Die Beiträge, die uns hierzu erreicht haben, gehen aus verschiedenen Richtungen an Kommunikationsfragen heran.

Im Beitrag von Friz et al. zeigt sich das Internet bei der "Fernsteuerung eines Handhabungsautomaten", wie es ist. In den Beiträgen von Hilgers ("Quality of Service von IP-Verbindungen") und Kabitzsch et al. ("Überwachung und Diagnose vernetzter Echtzeitsysteme") wird untersucht, wie man Echtzeitigfähigkeit kontrollieren kann. Programmiertechnik auf verschiedenen Ebenen im Vordergrund steht bei den Beiträgen von Kröger et al. ("CORBA"), Kabatzke ("JAVA") und Pollak et al. ("BSD-Sockets").

Doch wie das Internet nicht "das" Netz im Echtzeit-Bereich ist, so ist das "Netz" nicht das alleinige Thema der Veranstaltung. Die Fachgruppe würde ihr Selbstverständnis schmälern, wenn klassische Themen vernachlässigt würden.

Sicherheitsorientierte Beiträge erreichten uns von Roese et al. ("sicherheitsrelevante Umgebung") und Halang et al. ("PEARL in der Sicherheitstechnik"). Die richtige Hardware-Plattform (hie PCs, da SPS) wird von Bartels et al. und Neimeier et al. diskutiert.

Äußerst kontroverse Diskussionen dürften die Teilnehmer, wie bei früheren Veranstaltungen, allerdings bei der Sitzung "Objekt-Orientierte Programmierung und Echtzeit" erwarten. Wird von Mangold ein Zusammenhang überhaupt in Frage gestellt, werden Jovalekic et al. mit "Gesichtspunkten für den Einsatz" und Baran et al. mit einem "Erfahrungsbericht" versuchen, abstrakt und konkret Licht in das Dunkel zu bringen.

Stoff für angeregte oder gar hitzige Debatten sollte ausreichend vorhanden sein und damit eigentlich die Basis für eine erfolgreiche Tagung.

Doch was wäre eine solche Veranstaltung ohne Unterstützung von "außen" und Antrieb von "innen".

Deswegen möchte ich mich an dieser Stelle bei den Firmen Siemens, ATM und Werum bedanken, die den Veranstaltern unter die Arme greifen, sowie dem Springer-Verlag, der in seiner Reihe Informatik aktuell der Fachgruppe ununterbrochen eine publizistisch angesehene Heimat bietet. Der Dank der Fachgruppe gilt auch Herrn Dr. Windauer, der nach vielen Jahren tatkräftiger Arbeit die Leitung der Fachgruppe abgegeben hat an Frau Dr. Scherff, die ihm sicher nicht nachstehen wird. Auch ihr gelten meine Wünsche für ein erfolgreiches Wirken.
Möge die Tagung in alter Tradition die aktive Auseinandersetzung der Fachgruppe mit traditionellen und neuen Problemen weiter intensivieren.

Erlangen, im September 1998 Peter Holleczek

Inhaltsverzeichnis

Programmiertechnik für Echtzeitsysteme

Laborautomation durch µController-basierte Geräte mit CORBA-Schnittstellen

R. Kröger, S. Auch, B. Giegel

Labor für Verteilte Systeme
Fachhochschule Wiesbaden, Fachbereich Informatik
Kurt-Schumacher-Ring 18, D-65197 Wiesbaden
WWW: http://wwwvs.informatik.fh-wiesbaden.de

1 Einleitung

Ein typisches, chemisches Analyselabor ist derzeit durch eine Vielzahl von Geräten zahlreicher Hersteller gekennzeichnet. Außer Modulen zur Probenvorbereitung (z.B. Schüttler, Zentrifugen, Ultraschallbad, Dosiergeräte) existieren i.d.R. viele einfache Meßgeräte (z.B. Analysewaagen, pH-Meter, Thermometer) sowie einige komplexe Analysesysteme, wie etwa ein Gaschromatograph. Aus informationstechnischer Sicht beinhalten auch viele einfache Geräte intern µController. Nach außen werden fast ausschließlich einfachste Schnittstellen (RS232, RS485) mit zeichenbasierten, herstellerspezifischen Protokollen realisiert. Verbreitet sind intelligente "Boxen" verschiedener Hersteller, die an PCs angeschlossen werden und als Konzentratoren für eine Menge von Geräten und Hilfskomponenten dienen. Laborgeräte verfügen über Bedienschnittstellen, bei komplexen Analysesystemen auch auf PC- oder Workstation-Basis. Die Arbeitsabläufe in einem Labor zur Probenvorbereitung und zur Durchführung von Analysen sind durch Normen, "Good Laboratory Practice" (GLP) sowie Firmenstandards bestimmt. Während für die Routineanalytik bereits heute z.T. hochspezialisierte Analyseautomaten mit integrierten Handhabungssystemen zum Einsatz kommen, werden insgesamt noch viele Tätigkeiten, insbesondere bei der Probenvorbereitung, manuell ausgeführt. Der Grad der Vernetzung ist insgesamt noch gering. Auch wenn Labordatensysteme oder Labor-Informations-Management-Systeme (LIMS) bereits in vielen Labors eingesetzt werden, so beschränkt sich ihre Anwendung oft noch auf die automatisierte Datenerfassung und Steuerung von Analyseautomaten. Die Vielzahl von Geräten wird i.d.R. isoliert betrieben. Ermittelte Analysenergebnisse werden dann über Datenendgeräte oder Arbeitsplatzrechner manuell eingegeben. Die Bedienung und Überwachung von Geräten geschieht i.d.R. an den Geräten vor Ort, das Konzept eines in vielen anderen Umgebungen üblichen "Leitstands" mit zentraler Überwachungs- und Eingriffsmöglichkeit ist nicht üblich.

Ziele der Laborautomation sind vor allem die Kostenreduktion durch Optimierung und Automatisierung aller Abläufe während des Betriebs. Es soll ein möglichst hoher Probendurchsatz bei gleichzeitiger Einhaltung aller Bearbeitungsvorgaben und vollständiger Nachweisführung im Rahmen der Qualitätssicherung erzielt werden. Die automatisierte Probenbearbeitung unter Nutzung von Handhabungsgeräten soll über die identische Behandlung großer Probenanzahlen hinaus bis hin zu Einzelanalysen möglich werden [1]. Einsparpotentiale bestehen auch durch vereinfachte Installations- und Inbetriebsnahme-Prozeduren. Die nahtlose Integration des Laborbetriebs in die übergeordneten Geschäftsprozesse des Unternehmens ist von zunehmender Wichtigkeit.

Für die Geräteebene ergeben sich aus Anwendersicht eine Reihe von heute noch weitgehend unerfüllten Forderungen. Laborgeräte müssen zur Initialisierung, Parametrisierung, Meßdatenerfassung und Überwachung an Standard-Netzwerke anschließbar sein. Die Geräteschnittstellen müssen auf Protokoll-Ebene vereinheitlicht werden. Gleiches gilt für die Schnittstellen zu den Laboranwendungen, wie z.B. einem LIMS, zur Übernahme von Bearbeitungsvorgaben bzw. zur Übergabe von Meßdaten. Bisherige Standardisierungsansätze für Laborgeräteschnittstellen, wie z.B. CAALS [2], haben keine Verbreitung gefunden. Sie decken zwar gewisse laborinterne Forderungen ab, erscheinen aber kompliziert und erleichtern die Integration in übergeordnete Anwendungen kaum. Neben einer schnellen und einfachen Integration neuer Geräte wird die Austauschbarkeit von Geräten verschiedener Hersteller zunehmend wichtiger.

Der Grundgedanke des DIRECT-Projekts des Labors für Verteilte Systeme der FH Wiesbaden besteht darin, objektorientierte Methoden auf Probleme der Laborautomation anzuwenden und das Analyselabor als "offenes", verteiltes System zu betreiben. Der Ansatz ist dabei nicht auf die Laborautomation beschränkt, sondern läßt sich auf andere Anwendungsgebiete der Automationstechnik übertragen [3]. Laborgeräte werden als intelligente, netzwerkfähige Komponenten betrachtet, die über Standard-Netzwerke (Ethernet, Feldbusse) und höhere Standard-Protokolle kommunizieren. Der im Bereich der kommerziellen Anwendungen auf starke Resonanz gestoßene CORBA-Standard der Object Management Group (OMG) [4] wird als objektorientierte Middleware-Plattform eingesetzt. Laborgeräte werden damit zu CORBA-Objekten, die transparent im Netzwerk zugegriffen werden können. Die Verwendung von CORBA im Rahmen der Laborautomation ist bisher weitgehend unbekannt, erst in jüngster Zeit wurde ein solcher Ansatz vorgestellt [5].

Das vorliegende Papier beschreibt die Vorgehensweise zur Realisierung CORBA-fähiger Geräte und stellt die bisherigen Erfahrungen dar. Im folgenden Kapitel 2 werden zunächst die CORBA-Grundlagen zusammengefaßt, soweit sie für das Verständnis des Papiers unerläßlich sind. Kapitel 3 beschreibt die objektorientierte Modellierung von Laborgeräten und stellt die Realisierung von Laborgeräteschnittstellen als CORBA-Objekte durch Software auf üblichen Rechnern vor. Kapitel 4 geht detailliert auf die Erzielung der CORBA-Fähigkeit für µController-basierte Geräteimplementierungen ein.

2 CORBA-Grundlagen

Die Object Management Group wurde 1989 als Non-Profit-Konsortium gegründet und umfaßt heute mit mehr als 800 Mitgliedern alle führender Unternehmen der Informationstechnologie. Sie hat mit der Object Management Architecture (OMA) ein weit beachtetes Referenzmodell für objektorientierte Verarbeitung in verteilten, heterogenen, offenen Umgebungen definiert ([4], Rev 1.1, 1991), das die Basis für inzwischen zahlreiche Spezifikationen bildet. Es wird ein Objektmodell zugrundegelegt, daß alle Grundkonzepte der objektorientierten Modellierung unterstützt.

Objektschnittstellen werden mittels der C++-ähnlichen, deklarativen CORBA Interface Definition Language (IDL) definiert. Vererbung von Schnittstellen ist möglich. Zentrale Komponente des Referenzmodells ist ein Object Request Broker (ORB), der es Objekten erlaubt, in der verteilten Umgebung transparent Aufrufe an andere Objekte zu tätigen bzw. von diesen entgegenzunehmen. Die Common Object Request Broker Architecture (CORBA)-Spezifikation identifiziert die Komponenten eines ORBs und spezifiziert deren Programmierschnittstellen. Die Interoperabilität der Objekte ist unabhängig von unterlagerten Betriebssystemen und Implementierungssprachen sichergestellt. Dazu werden standardisierte Abbildungen von IDL auf die üblichen Implementierungssprachen vorgesehen. Die Version 2.0 der CORBA-Spezifikation hat als Hauptziel die Interoperabilität zwischen ORBs verschiedener Hersteller. Insbesondere wird dazu ein Protokoll zur Weiterleitung von Methodenaufrufen vorgesehen. Hierauf wird in Kap. 4 detaillierter eingegangen. Bezüglich Details und weiterer Komponenten des OMA-Referenzmodells sei auf [4] und [6] verwiesen.

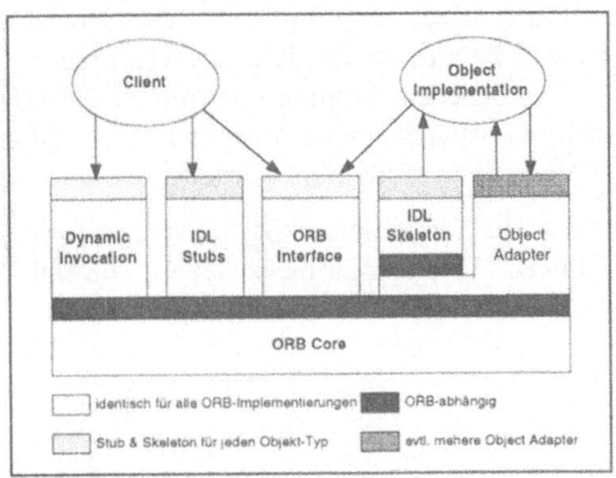

Abb. 1: Die Common Object Request Broker Architecture (CORBA)

Die Architektur eines CORBA-konformen ORBs mit den vorgesehenen Schnittstellen ist in Abb. 1 dargestellt. Client und Server nutzen die Funktionalität des ORBs im Regelfall unter Verwendung von Stubs. Diese werden automatisch aus den IDL-Definitionen generiert und enthalten den Code, welcher den lokalen Methodenaufruf in einen CORBA-Request umsetzt. Server-Stubs (Skeletons) bauen hierbei auf die vom Object Adapter bereitgestellte Schnittstelle auf. Diese ist in der CORBA-Architektur vorgesehen und stellt außerdem eine Schnittstelle zu speziellen ORB-Diensten zur Verfügung (z.B. zum Generieren einer Objektreferenz). Der Object Adapter lokalisiert das angesprochene Objekt innerhalb des Servers und aktiviert es nötigenfalls, bevor er den Request weiterreicht. Requests an Objekte, deren Schnittstelle zum Implementierungszeitpunkt noch nicht bekannt ist, können zur Laufzeit über das Dynamic Invocation Interface (DII) generiert werden. Analog hierzu übernimmt das Dynamic Skeleton Interface diese Aufgabe auf Seite des Servers. Zusätzlich sind einige ORB-Dienste, die sowohl von Clients wie von Objektimplementierungen verwendet werden können, direkt über das ORB Interface verfügbar.

3 Objektorientierte Laborgeräteschnittstellen

In einer Zusammenarbeit zwischen der FH Wiesbaden und einem großen pharmazeutischen Unternehmen wurde die Tragfähigkeit eines objektorientierten Ansatzes für die Laborautomation unter Nutzung von CORBA in einem ersten Schritt untersucht. Dazu wurden Technologiestudien durchgeführt, die demonstrierbare Prototypen zum Ziel hatten.

Die Laborgeräte werden unter Verwendung der Booch-Methode objektorientiert modelliert [7]. Basis für die Modellierung ist die Analyse der Funktionen der betrachteten Laborgeräte und die Identifizierung von Laborgerätefamilien, wie z.B. Waagen, Barcode-Scanner, usw. Dazu werden die Gemeinsamkeiten und Unterschiede analysiert und in eine geeignete Klassenhierarchie überführt. Diese enthält eine allen Laborgeräten gemeinsame Basisklasse sowie für jede Gerätefamilie eine abstrakte Klasse, welche die Grundfunktionen aller Geräte dieser Familie enthält. Alle Waagen besitzen als Gemeinsamkeit z.B. das Wiegen, das Kalibrieren und das Justieren (Tara). Innerhalb einer Familie unterscheiden sich die Geräte nach Hersteller, Modellreihe und konkretem Modell. Hieraus ergeben sich weitere Ebenen der Klassenhierarchie. Die Berücksichtigung bestimmter Zusatzfunktionen, wie z.B. einen Windschutz, ein Bedien-Panel, Prozentwägung oder Zählung von Proben kann über Aggregation oder Vererbung modelliert werden.

Nach der Analyse werden die modellierten Schnittstellen bzw. wird die modellierte Klassenhierarchie in CORBA IDL formal beschrieben. Die IDL-Beschreibungen sind die Basis für die Entwicklung von CORBA-Software-Servern.

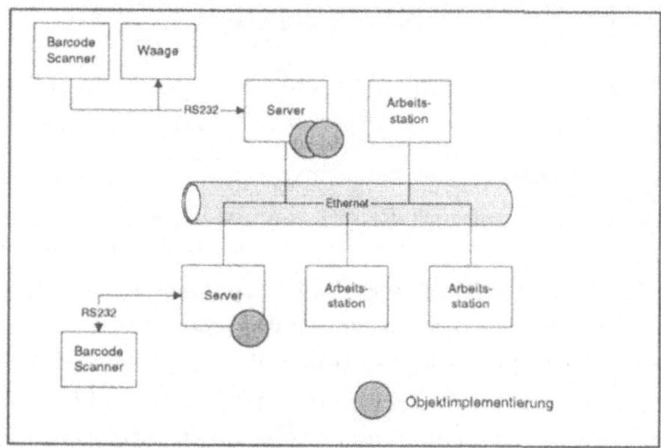

Abb. 2: Host-basierte, objektorientierte Laborgeräteschnittstellen

Abb. 2 zeigt die resultierende Implementierungsarchitektur. Auf Hardware-Ebene werden die Laborgeräte über serielle Schnittstellen an PCs angeschlossen, die untereinander über Ethernet vernetzt sind. Software-seitig dient ein CORBA-konformer Objekt Request Broker (IONA Orbix) unter Windows NT als Middleware-Basis. Die Implementierung der Laborgeräteschnittstellen erfolgt unter Verwendung von Visual C++. Konkrete Implementierungen liegen für Waagen verschiedener Hersteller und Modellreihen, Barcode-Scanner, pH-Meter sowie ein virtuelles

Laborgerät zur Wägung identifizierbarer Proben vor. Damit stellen die Laborgeräte ihre Schnittstellen über eine Softwarehülle netzwerkweit zur Verfügung. Die Softwarehülle ist so konzipiert, daß Laborgeräte ausgetauscht werden können, wobei die Funktionalität der entsprechenden Ebene der Klassenhierarchie erhalten bleibt. Dies ist ein Schritt in Richtung offener Systeme für die Laborgeräteautomatisierung.

In einer zweiten Technologiestudie wurde der gleiche Modellierungsansatz auf ein komplexes Fraktionssammlerlabor angewendet (ca. 10 Gerätetypen, 25 Komponenten) und unter Verwendung von Microsoft DCOM/OLE als Middleware-Plattform implementiert [8].

Insgesamt konnte im Rahmen der Zusammenarbeit gezeigt werden, daß der offene DIRECT-Architekturansatz für die Laborautomation prinzipiell möglich und erfolgversprechend ist. Neben der vollständigen Netzwerkfähigkeit aller Geräte werden insbesondere die bisher nicht übliche, objektorientierte Gerätemodellierung und die daraus resultierende formale Beschreibung, wie hier in CORBA IDL, als sehr wertvoll eingeschätzt. Als Hauptproblem erwies sich, daß der Aufwand zur Gerätemodellierung und Implementierung der CORBA-Geräteschnittstellen unter Nutzung eines ORBs und der derzeitigen Geräte-Protokolle nicht unerheblich ist und anspruchsvolles CORBA-Know-How erfordert. Dieser Integrationsaufwand fällt zudem auf Seiten des Laborbetreibers an. Er liegt aber nicht in seinem primären Interesse und erhöht den auch bisher schon hohen Aufwand zur Integration neuer Geräte weiter. Aufgrund dieser Erfahrungen wird die Notwendigkeit gesehen, die CORBA-Fähigkeit in die Geräte selbst zu verlagern und letzlich auf Geräteherstellerseite bereitzustellen.

4 CORBA-fähige Geräte

Eine Realisierung der CORBA-Fähigkeit innerhalb von Laborgeräten erfüllt nahezu alle eingangs für die Geräteebene genannten Forderungen, vermeidet aber jegliche Programmierung von Server-Objekten auf einem zusätzlichen Host, wie sie im vorhergehenden Kapitel beschrieben wurde. Die Geräte werden dadurch allen CORBA-Anwendungen auf Labor- oder Unternehmensebene unmittelbar zugänglich. Sie können darüberhinaus selbst als Klienten auftreten, mit anderen Laborgeräten und CORBA-Anwendungen interagieren und höhere CORBA Object Services [6] nutzen. Nicht zuletzt vermindert dieser Ansatz den Integrationsaufwand enorm und führt dazu, dem "Plug&Play"-Gedanken näher zu kommen.

4.1 Das IIOP-Protokoll

Zur Erreichung der CORBA-Fähigkeit von Laborgeräten wird auf die Festlegungen des CORBA 2.0-Standards zur Interoperabilität von ORBs zurückgegriffen [4]. Dieser definiert das General Inter-ORB Protocol (GIOP), um die Kommunikation diverser ORB-Implementierungen untereinander zur Weiterleitung von Requests sicherzustellen. Es ist darauf ausgerichtet, mit einem minimalen Satz an Voraussetzungen korrekt implementiert werden zu können. GIOP definiert die Formate der zwischen ORBs ausgetauschten Nachrichten sowie eine Abbildung aller IDL-Datentypen in eine low-level-Repräsentierung während der Übertragung (Common Data Representation, CDR). Das CORBA Internet Inter-ORB Protokoll (IIOP) ist eine Spezialisierung des GIOP für TCP/IP als Transportprotokoll und muß von jedem CORBA2.0-konformen ORB unterstützt werden. Daneben sind im CORBA-Standard auch Environment-Specific Inter-ORB Protocols (ESIOPs) vorgesehen, so daß die Nutzung spezieller, bspw. auf den Labor- oder Echtzeitbereich zugeschnittener Protokolle, möglich ist. Durch die Verwendung von IIOP kann das Internet als Backbone für ORBs genutzt werden. Zur Zeit ist IIOP auch als Ergänzung zu HTTP und Java RMI in Diskussion. Eine komplette Spezifikation von GIOP/IIOP ist in [4] enthalten. Zur Benennung von Objekten über ORB-Grenzen hinweg wurden in CORBA 2.0 darüberhinaus sogenannte Interoperable Object References (IORs) eingeführt.

CORBA-fähige Geräte basieren nun darauf, daß eine Basis-ORB-Komponente bereitgestellt wird, die auf dem μController eines Laborgeräts lauffähig ist und nach außen über IIOP mit anderen ORB-Komponenten kommuniziert. Diese Basiskomponente wird von einer oder mehreren Objektimplementierungen genutzt, welche die eigentliche Funktionalität des Laborgeräts realisieren.

4.2 Das μController-basierte Basissystem

In DIRECT wird angenommen, daß alle Laborkomponenten auf der untersten Ebene durch ein zweistufiges Kommunikationsnetzwerk verbunden sind (vgl. Abb. 3). Ein Ethernet-LAN vernetzt Server und Bedienplätze und bietet die Möglichkeit zur Integration des Labors in die Unternehmensinfrastruktur. Laborgeräte besitzen entweder selbst Ethernet-Schnittstellen oder werden an Feldbus-Segmente angekoppelt, welche über Gateways mit dem LAN verbunden sind. Als Feldbus wird in DIRECT seit geraumer Zeit der CAN-Bus (Controller Area Network) eingesetzt, ein Multicast-fähiges Feldbussystem, das ursprünglich für den Automobilbereich entwickelt wurde. Mit dem in Deutschland weit verbreiteten Profibus wurden erste Erfahrungen gesammelt.

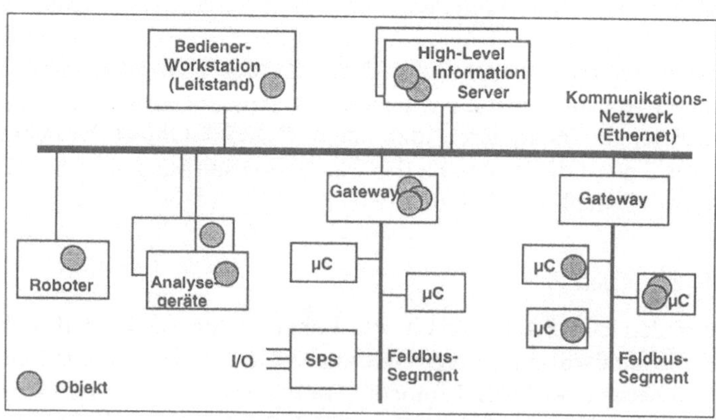

Abb. 3: Architektur des DIRECT-Basissystems

Prototypische CORBA-fähige Laborgeräte basieren auf käuflichen μController-Boards mit Ethernet-Interface und Siemens 80C167-μControllern, die selbst eine

CAN-Schnittstelle enthalten. Damit werden keine besonderen Anforderungen gestellt, da in vielen Laborgeräten Controller dieser Klasse bereits verwendet werden. Die Entwicklung der Knoten-Software geschieht unter Verwendung des PXROS Echtzeit-Kerns mit TCP/IP-Stack und einer GNU C/C++-Cross-Entwicklungsumgebung, die unter Linux eingesetzt wird und Code für die C167-Zielumgebung erzeugt (HighTec, Saarbrücken).

4.3 Der MORB - Eine ORB-Implementierung

Die Entwicklung eines µController-fähigen ORBs wurde in zwei Schritten vollzogen. Im Rahmen einer Diplomarbeit an der FH Wiesbaden [9] wurde eine ORB-Umgebung unter Linux erstellt, MORB genannt, bei deren Design besondere Rücksicht auf die speziellen Anforderungen einer späteren Verwendung innerhalb einer µController-Umgebung genommen wurde. MORB besteht aus einem flexiblen IDL-Compiler sowie einer anpassungsfähigen Bibliothek liborb als Kern des ORBs.

Der IDL-Compiler basiert auf dem frei verfügbaren Sunsoft IDL Compiler Front End. Mittels des entwickelten Backends werden Stubs generiert, die aus Protokoll-unabhängigem Code bestehen und nur generische Schnittstellen zur liborb-Bibliothek nutzen. Hierdurch wird erreicht, daß die spätere Integration eines von IIOP abweichenden Protokolls keinerlei Änderungen am IDL-Compiler verlangt. Die ORB-Bibliothek liborb basiert auf der frei verfügbaren Sunsoft IIOP-Engine. Aus dieser konnte das Marshalling vollständig übernommen werden. Die Bibliothek stellt, der CORBA-Architektur folgend, eine Menge von untereinander verbundenen C++-Objekten dar, welche gemeinsam eine auf Protokollebene IIOP-konforme Kommunikation mit anderen ORB-Implementierungen und ein gesichertes Exception Handling gewährleisten. Innerhalb der liborb wird anhand von Flags oder externen Informationen entschieden, welche Protokolle zum Transport von eingehenden und ausgehenden Requests zugrundeliegen sollen und welche Datenrepräsentierung gewählt wird.

Im Hinblick auf die in Abschnitt 4.2 beschriebene Zielumgebung wurde MORB in einem zweiten Schritt auf PXROS portiert [10]. Der IDL-Compiler wurde nur insoweit angepaßt, daß der generierte Code unter PXROS lauffähig ist. Der Compiler selbst wird weiterhin unter Linux benutzt und ist Bestandteil der Cross-Entwicklungsumgebung. Die ORB-Bibliothek hingegen wurde vollständig portiert. Hierzu mußten insbesondere das C++-Speicher-Management als auch die Socket-Schnittstelle angepaßt werden. Die in jedem CORBA-Knoten notwendige liborb besitzt derzeit eine Größe von 80 KB ohne eigene Optimierung (zusätzlich PXROS: 50 KB, TCP/IP-Stack: 130 KB). Neben dem von IIOP standardmäßig zum Transport verwendeten TCP ist derzeit eine segmentierte Übertragung von Requests über den CAN-Bus vorgesehen. Als zusätzliche Datenrepräsentierung zu CDR wurde bisher Compact ASN.1/BER implementiert.

4.4 Der Demonstrator

Die entwickelte ORB-Umgebung gestattet es nun, CORBA-Client- und -Server-Komponenten auf µControllern zu implementieren. Der Entwicklungsprozeß eines

CORBA-fähigen Laborgeräts gleicht dem sonst üblichen Vorgehen bei der Entwicklung von CORBA-Objekten. Aus der Definition der Geräteschnittstelle in CORBA IDL erzeugt der IDL-Compiler den Server-Stub. Dieser wird zusammen mit der ORB-Library liborb, dem Code zur Implementierung der eigentlichen Gerätemethoden und dem unterlagerten Echtzeit-Kern zusammengebunden. Das Ergebnis ist der ladbare bzw. im Flash-Speicher ablegbare Gerätecode.

Für den Rest dieses Abschnitts wird angenommen, daß die Laborgeräte-Hardware über eine Ethernet-Schnittstelle verfügt. Dieses ist bisher lediglich unüblich und könnte bei den geringen zusätzlichen Kosten zukünftig durchaus der Standardfall sein.

In einer Zusammenarbeit mit einem der führenden Hersteller von Analysewaagen in Deutschland wurde beispielhaft nach der beschriebenen Vorgehensweise eine CORBA-fähige Waage realisiert. Die Nutzbarkeit des Laborgeräts unmittelbar aus der CORBA-Welt heraus wurde durch Einbindung der Waage in ein im Rahmen einer Diplomarbeit [11] entwickeltes CORBA-basiertes Workflow Management System zur automatisierten Abwicklung von Labor-Prozessen nachgewiesen.

Neben der Unterstützung von CORBA wurden für Ethernet-basierte Geräte auch die auf TCP aufliegenden höheren Protokolle HTTP und SMTP in einer für µController tauglichen Form implementiert. Damit ist zum einen eine Web-Anbindung für Laborgeräte, z.B. zum Monitoring der Funktionsfähigkeit oder zur Parametrisierung mittels eines üblichen Browsers, gegeben. Andererseits können Geräte automatisch E-Mails erzeugen, z.B. nach Durchführung einer Konfiguration oder bei Eintreten besonderer Ereignisse. Diese Nachrichten können z.B. von Vorgangssystemen höherer Ebenen aufgenommen werden und der Qualitätssicherung dienen.

4.5 Erweiterung auf Feldbusse

Die Nutzung standardisierter Feldbusse zur Integration von Laborgeräten ist in vielerlei Hinsicht wünschenswert. Neben der Möglichkeit der echtzeitgerechten Kommunikation stellen die hohe Verbreitung in der Automatisierungstechnik sowie der i.d.R. relativ geringe Preis zur Busanschaltung wichtige Gründe dar. In den vorgestellten Ansatz können Feldbus-Geräte integriert werden, indem sie nach außen durch einen CORBA/IIOP-fähigen Gateway-Knoten repräsentiert werden, an den das Feldbus-Segment angekoppelt ist (vgl Abb. 3). So stehen auch diese Geräte den Laboranwendungen in gleicher Weise als CORBA-Objekte zur Verfügung.

Für die Kommunikation zwischen Gateway und Gerät bestehen mehrere Alternativen. Zunächst kann auf dem Feldbus das Feldbus-spezifische Layer-7-Protokoll für die Kommunikation mit dem Gerät verwendet werden (z.B. CANopen, Profibus-DP). Diese Vorgehensweise der Integration ist notwendig für heute angebotene und nicht modifizierbare Geräte. Die Objekt-Sichtweise endet im Gateway-Knoten. Die über den Feldbus erreichbare Funktionalität des Geräts wird in CORBA IDL spezifiziert. Eine adäquate Modellierung von objektorientierten Schnittstellen für gegebene nachrichtenorientierte Primitive kann dabei eine Herausforderung darstellen. Zur Laufzeit setzt der Gateway-Knoten einen bzgl. dieser Geräteschnittstelle eintreffenden IIOP-Request in Feldbus-Protokoll-spezifische Nachrichten um. Beispielhaft wurde die dargestellte Vorgehensweise in DIRECT für einfache Automatisierungsgeräte mit Profibus-Schnittstelle und einem Embedded-PC als Gateway-Knoten mit Win32-Betriebssystemschnittstelle implementiert. Da dieses Vorgehen jedoch eine zu Host-basierten CORBA-Schnittstellen analoge Problematik aufweist (vgl. Kap. 3), ist in der Praxis ein davon abweichender Ansatz erstrebenswert.

Eine solche Alternative stellt das Weiterleiten von IIOP-Requests über den Feldbus unter Nutzung seines Layer-2-Protokolls dar. Bisher vorgesehen wurde in DIRECT eine Fragmentierung eines IIOP-Requests durch den Gateway-Knoten in eine Folge von CAN-Frames an das betroffene Gerät. Die Fragmente werden im Zielknoten zusammengesetzt und ergeben den ursprüglichen IIOP-Request, der zur Bearbeitung an einen Geräteprozeß übergeben wird. Die Implementierung der Funktionalität des Geräts geschieht damit als CORBA-Objekt im Gerät selbst. Als vorteilhaft erweist sich bei diesem Ansatz der in der liborb vorgesehene Transportwechsel. Problematisch ist die Notwendigkeit von Veränderungen an herkömmlichen Feldbusgeräten. Desweiteren fällt unangenehm auf, daß die GIOP-Festlegungen an vielen Stellen, z.B. in Bezug auf die i.d.R. kurzen Frame-Längen von Feldbussen, inadäquat sind.

Eine dritte und höchst wünschenswerte Alternative ist die Entwicklung eines Feldbus-basierten, echtzeitfähigen Object Request Brokers für µController-Systeme, im folgenden µORB genannt. Seine Bedeutung geht über den Kontext der hier betrachteten Laborautomatisierung weit hinaus. Er beinhaltet ein eigenes ORB-Protokoll (ESIOP) zur Abwicklung von Methodenaufrufen, das im Hinblick auf kurze Frames und Echtzeitverhalten optimiert sein kann. Eine zweite Version eines solchen µORBs für den CAN-Bus entsteht derzeit innerhalb von DIRECT. Gegenüber einem ersten Ansatz [3] steht die Erreichung der Echtzeitfähigkeit im Vordergrund. Im Entwurf wurden die Ergebnisse des TAO-Systems [12] sowie die Arbeiten der RTSIG [13] der OMG bedacht.

5 Zusammenfassung

In diesem Beitrag wurden Möglichkeiten zur Realisierung CORBA-fähiger Laborgeräte vorgestellt sowie der Stand des Projekts DIRECT der Fachhochschule Wiesbaden und die bisher gesammelten Erfahrungen in diesem Zusammenhang dargelegt. Die für die Geräteebene aufgestellten Forderungen der Laborautomation können mit dem vorgestellten Ansatz weitgehend erfüllt werden. Zur Reduktion des Integrationsaufwands auf Kundenseite geschieht die Implementierung der CORBA-Fähigkeit auf dem µController im Gerät selbst und benötigt keinen unterstützenden Host. Der vorgestellte Ansatz ist ohne Einschränkungen auf andere Bereiche der Automatisierungstechnik übertragbar. Insgesamt ergibt sich aus der Modellierung von abstrakten Geräteschnittstellen in CORBA IDL der nicht zu unterschätzende Vorteil, daß unter Nutzung eines IDL-Compilers über ein LAN oder einen Feldbus zu übertragende Nachrichten automatisch generiert werden können. Damit erübrigt sich jegliche Form der Definition von "Profiles", wie sie derzeit z.B. bei den Feldbus-Nutzerorganisationen erfolgen. In wieweit die Vorteile eines CORBA-basierten Ansatzes von den Geräteherstellern erkannt und längerfristig, möglicherweise auf

Druck ihrer Kunden, umgesetzt werden, wird sich zeigen müssen. Die Machbarkeit steht nach den Erfahrungen in DIRECT außer Frage.

6 Literaturverzeichnis

[1] R. Schäfer: "Steps Towards a Fully Automated Analytical Laboratory", 2nd European LIMS Forum, Basel, 1994

[2] "CAALS-I Communication Specification Review", V. 1.5, National Institute of Standards and Technology, Gaithersburg, USA, 1993

[3] R. Kröger, A. Bauer, O. Remédios, M. Thoss: "Objektorientierte Programmierung verteilter Echtzeitanwendungen", in H. Rzehak (Hrsg.): Echtzeitsysteme und objektorientierter Entwurf, Vieweg-Verlag, Braunschweig/Wiesbaden, 1996

[4] OMG: "The Common Object Request Broker: Architecture and Specification, Revision 2.0", Object Management Group, Framingham, USA, 1995

[5] Ergotech: http://www.ergotech.com, USA, 1998

[6] OMG: "CORBAservices: Common Object Services Specification", Object Management Group, Framingham, USA, 1995

[7] B. Giegel: "Entwurf und Implementierung verteilter, objektorientierter Laborgeräteschnittstellen auf der Basis des CORBA-Standards", Diplomarbeit, Fachhochschule Wiesbaden, 1996

[8] H. Mecke, M. Ruhl: "Steuerung und Simulation von Laborgeräten in einer verteilten, heterogenen Umgebung auf der Basis von OLE und CORBA", Diplomarbeit, Fachhochschule Wiesbaden, 1996

[9] S. Auch: "Interoperabilität von CORBA Object Request Brokern - Erstellung von Werkzeugen zum Leistungs- und Sicherheitsmanagement", Diplomarbeit, Fachhochschule Wiesbaden, 1997

[10] D. Eickstädt: "Konzept und Implementierung eines IIOP-fähigen Object Request Brokers für Mikrokontroller", Diplomarbeit, Fachhochschule Wiesbaden, 1998

[11] M. Costanzo: "Entwurf und Implementierung einer verteilten, Management-fähigen Workflow Engine zur Steuerung geregelter, arbeitsteiliger Anwendungen", Diplomarbeit, Fachhochschule Wiesbaden, 1997

[12] D.C. Schmidt, D.L. Levine, S. Mungee: "The Design of the TAO Real-Time Object Request Broker", Computer Communications Journal, 1997

[13] OMG: "Realtime CORBA - Request for Proposal", Object Management Group, Document orbos/97-09-3, Framingham, USA, 1998

Überwachung und Diagnose vernetzter Echtzeitsysteme

K. Kabitzsch, H. Ribbecke
TU Dresden, Fakultät Informatik
Mommsenstr. 13, D-01062 Dresden
kabitzsch@iis.inf.tu-dresden.de

1. Fehler in komplexen Systemen

Mit steigender Komplexität werden bei der Inbetriebnahme verteilter und vernetzter Automatisierungssysteme zahlreiche Störungen, Laufzeitfehler und Echtzeitprobleme sichtbar. Viele Fehler treten nur sporadisch auf - meist auch noch zu einer Zeit, wenn qualifiziertes Wartungspersonal nicht anwesend ist. Besonders in der Inbetriebnahmephase neuer Anlagen häufen sich solche transienten Fehler. Nur selten hat das Ingenieurpersonal die Chance, diese kurzzeitigen Störungen im Zusammenwirken von Technik, Benutzer und Umwelt umfassend zu beobachten und diagnostisch auszuwerten. Im Fehlerfalle geht außerdem alles sehr schnell und ist mit bloßem Auge am Meßgerät nicht mehr zu verfolgen.
Die Zulieferer entsprechender Leit- und Automatisierungstechnik zeichnen deshalb alle Rechneraktivitäten auf den verschiedenen Systemebenen chronologisch mit wählbarer Detailtreue („trace level") auf, greifen auf die dabei entstehende History-Datei über Fernwartungs-Schnittstellen zu und werten diese Daten anschließend offline aus. Die Monitorschnittstellen werden kaum offengelegt; Standards gibt es erst in Ansätzen /6/ . Manche Betreiber überwachen deshalb ihre Anlagen an offenen Schnittstellen wie z. B. Netzprotokollen. Da auf diese Weise in einer Fabrik entsprechender Größe täglich Dateien bis zu 200 Mbyte entstehen, halten solche Betreiber geeignetes Fachpersonal zur Interpretation dieser Daten vor.

2. Monitore für freie Aufzeichnung

Nachfolgend werden einige an der TU Dresden entwickelte Monitorzugänge beschrieben, welche offengelegte Standardschnittstellen benutzen und daher ohne die oben genannten Beschränkungen nutzbar sind.

2.1. Protokollanalysator

Der in Zusammenarbeit mit Industriepartnern entwickelte Protokollanalysator ist ein Monitor zur freien Aufzeichnung des Telegrammverkehrs im Feldbus und macht Fehler auf Netzebene diagnostizierbar. In der vorliegenden Anwendung unterstützt der Analysator die Beobachtung, Analyse und Diagnose kommunizierender Anwendungsprogramme, indem er deren Nachrichtenaustausch chronologisch speichert /11/. Die Telegramme durchlaufen nacheinander bestimmte

Filteralgorithmen, die den Datenstrom durchsuchen und nur Telegramme mit entsprechenden Eigenschaften aufzeichnen. Falls alle Strukturinformationen (Knoten, Netzstruktur, Variablen, logische Verbindungen) einer entworfenen Anlage in einer zentralen, OLE-fähigen Engineering-Datenbank für einen Multi-Tool-Zugriff bereitstehen (OPC, OPEN CONTROL /6/, LNS), wird die Spezifikation der Trigger und Filter durch diese Datenbasis unterstützt. Der vorliegende Prototyp wurde für den LON-Feldbus entwickelt und baut daher auf LNS /9/ auf.

2.2. SPS-Analysator AutoSPy

Will man auch die Softwareabläufe im Inneren des jeweiligen Knotens detailliert aufzeichnen, benötigt man über den gesamten Meßzeitraum hinweg einen Online-Zugang zu dessen Rechnerkern. Zur Beobachtung von Steuerungen der SIMATIC-Familie verbindet man ohne zusätzlichen Hardwareaufwand einen PC über die serielle Schnittstelle mit der SPS und startet unter Windows das Werkzeug AutoSPy.

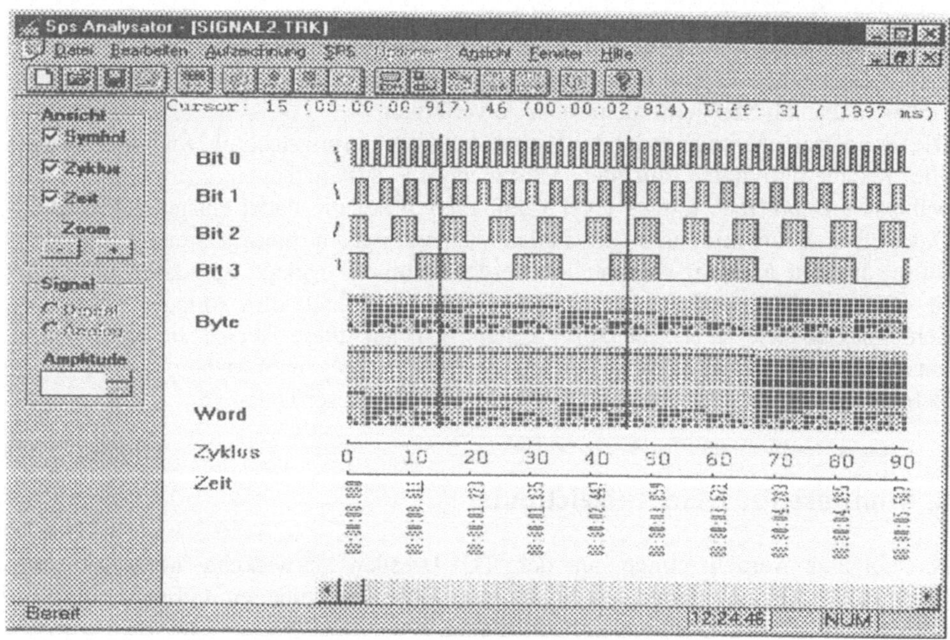

Bild 1: Visualisierungsfenster von AutoSPy

Danach kann der Benutzer in einer Auswahlbox von Hand oder mit Hilfe einer Symboldatei alle Variablen festlegen, die er beobachten will, z. B. die Signaltypen

* E Eingang	* D Daten	* A Ausgang	* S Systemdaten
* M Merker	* T Timer	* P Peripherie	* Z Zähler

Nach dem Start werden diese Variablen ohne Unterbrechung des laufenden SPS-Anwendungsprogramms zyklusgenau gemessen, ihre Verläufe online im PC angezeigt und auf dessen Festplatte aufgezeichnet. Dabei erlaubt die Visualisierungsoberfläche eine Darstellung in den Formaten Bit, Byte, Word, Doppelword sowie als analoger Werteverlauf, das Scrollen der Signale sowie Zeitberechnungen mit Kursoren. Damit sind ohne zusätzlichen Programmieraufwand auch Langzeitaufzeichnungen an SPS sowie ein Export der Historydateien nach weiterführenden Diagnosewerkzeugen wie z. B. EXTRAKT möglich.

2.3. Feldmonitor HWDS

Dieser kompakte, programmierbare Recorderbaustein wird während der Montage-, Inbetriebnahme- und Einfahrphase an Rechner und Feldbusknoten angeschlossen und zeichnet, ähnlich wie übliche Fahrtenschreiber, alle internen Hard- und Softwareabläufe auf /10/. Er enthält eine kleine, wechselbare Festplatte (PCMCIA) von derzeit 80 MByte. Da nur selektiv aufgezeichnet wird, ist diese auch als Langzeitspeicher über Wochen und Monate geeignet. Der Baustein ist für Anwender gedacht, die sich hinsichtlich der Geschwindigkeit an Logikanalysesystemen orientieren. Jeder Baustein ist einerseits autark (d.h. ohne ständige Kopplung mit einem Hostrechner) im Feld betreibbar, andererseits lassen sich auch mehrere über ein Datennetz zu einem Diagnoseverbund kombinieren und mit einem PC verbinden. Die Konfigurierung und Bedienung aller Bausteine kann also auch von diesem PC aus erfolgen (Programmierung der Filter und Trigger, Setzen der Echtzeituhr, Lesen der Massenspeicher usw.). Der Datenpuffer, der als Ringpuffer 64 kWorte x 80 Bit organisiert ist, soll die vom Eventinterface gelieferten Daten temporär speichern, wobei alle 100 ns ein Datenwort aufgenommen werden kan. Als Filter und Trigger enthält jeder Diagnosebaustein eine komplexe Fangschaltung in Form eines ASICs. Erkennt dieser *Event-Prozessor* eines der dort abgelegten Muster online im gemessenen Datenstrom, so übernimmt er das entsprechende Stück der Aufzeichnung in den PCMCIA-Massenspeicher. Online heißt hier, daß Filterung und Triggerung für 10 Millionen Events je Sekunde ausgelegt und die Erfassung auf den Takt des Diagnoseobjektes synchronisiert ist.

2.4. Monitor-Datenbank TLON-DB

Die in Zusammenarbeit mit Industriepartnern entwickelte Datenbank residiert zur Laufzeit auf einem preiswerten Feldbusknoten und ist u. a. ebenfalls als Monitor nutzbar. Der Erstentwurf der DB-Struktur geschieht auf einem PC als MS-ACCESS-Datenbank und wird anschließend auf den Feldbusknoten geladen. Dort ist die Datenbank zur Laufzeit autark arbeitsfähig und kann z. B. als Monitor zeitweise in beliebige Feldbus-Segmente integriert werden. Mit üblichen Netzwerk-Management-Tools kann der Benutzer nun die logischen Verbindungen, die er beobachten will, auf den neuen Monitorknoten erweitern, was im vorliegenden Falle ebenfalls durch LNS sehr erleichtert wird /9/. Zur Auswertung kann die Datenbank jederzeit wieder in den Entwurfs-PC übertragen werden und steht dort u. a. in ACCESS-Form oder für EXTRAKT bereit.

3. Integriertes Diagnosewerkzeug EXTRAKT

3.1. Probleme bei der Auswertung

Da die Diagnoseobjekte Rechner und Netze enthalten, geht die üblicherweise vorausgesetzte starke Kausalitätseigenschaft „ähnliche Ursachen führen zu ähnliche Wirkungen" verloren /4/. Da viele wissensbasierte Methoden ebenfalls starke Kausalität voraussetzen, haben auch sie zunächst ihre Gültigkeitsbasis verloren.
Bei der Inbetriebnahme dominieren Entwurfsfehler, die nach ihrer Entdeckung oft dauerhaft behoben werden können. Alterungsfehler usw. spielen eine untergeordnete Rolle. Oft wird die Diagnose erst begonnen, wenn es bereits Hinweise auf Fehlerwirkungen gibt. Handelt es sich bei den zu diagnostizierenden Anlagen auch noch um Unikate, so ist der langfristige Aufbau einer Wissensbasis „Symptom-Ereignis-Fehlerursache" wenig erfolgversprechend.
Die für schwach kausale Systeme erfolgreichen Testmethoden /7/ scheitern wiederum an Systemeigenschaften, die im Falle starker Kausalität wenig Probleme bereiten:
- Komplexität von Rechnerhardware und -software: schon einfachste Systeme sind nicht mehr vollständig testbar
- dynamische Systeme: das Ausgangsverhalten ist nicht nur von der aktuellen Belegung an den Eingängen abhängig, sondern von der Vorgeschichte
- zeitabhängige Systeme (Echtzeitsysteme): wenn sich der Zeitmaßstab an den Systemeingängen ändert, gelten keine Ähnlichkeitsprinzipien
- Closed-Loop-Strukturen: im geschlossenen Signalkreis breitet sich die Fehlerwirkung beliebig aus und ist schwer lokalisierbar

3.2. Lösungsansätze im Werkzeug

Glücklicherweise gehorchen auch schwach kausale Systeme eindeutigen Gesetzen, denn zumindest haben „gleiche Ursachen auch gleiche Wirkungen". Insbesondere im Bereich der Prozeßautomation zwingen die stark kausalen Anlagenprozesse der angeschlossenen Rechentechnik ein gewisses Maß an Verhaltensregularität auf. Dies nutzen auch die eingangs erwähnten Troubleshooter intuitiv aus.
Im Gegensatz zu den üblichen Diagnosemethoden /8/ konzentriert sich deren intuitive Methodik aber vor allem auf das Aufspüren von Verhaltensanomalien im Vorfeld der (selten bzw. im Extremfall nur ein einziges Mal) beobachteten Fehlerwirkungen. Zuvor versuchen Trobleshooter deshalb festzustellen, welche Verhaltensmuster des Systems „normal" sind. Für diesen Wissenserwerb muß ein adäquates Werkzeug (z.B. EXTRAKT) daher die Intuition des Benutzers unterstützen, ihm viele unterschiedliche Systemsichten offenlegen und ihn vom Routine-Arbeitsanteil bei der Auswertung der umfangreichen Monitoringdaten entlasten. Im folgenden wird ein typischer Arbeitsablauf mit EXTRAKT beschrieben.

Integration der Monitordaten:
Beim Monitoring soll das Verhalten der Diagnoseobjekte primär aus den beobachteten Signalverläufen an den Systemschnittstellen beurteilt werden. Dazu werden zunächst

die Monitordateien aus den verschiedenen Aufzeichnungswerkzeugen (Abschnitt 2) in die Datenbank von EXTRAKT zeitsynchron eingespielt, in welche zu diesem Zweck ein flexibler Konverter integriert ist. EXTRAKT ist über OLE nach außen offen und besitzt einen Zugang zu anderen Datenbanksystemen über die ODBC-Schnittstelle. Da auch die Konvertierung von Textdateien möglich ist, können Daten von beinahe jedem Monitorsystem übernommen werden. Um die große Vielfalt möglicher Signalformen (stetig, binär, Feldbustelegramm, Dienstaufruf, Interrupt) zu ordnen, bietet sich eine grobe Klassifikation in Bedingungs- und Ereignissignale /1/ an.

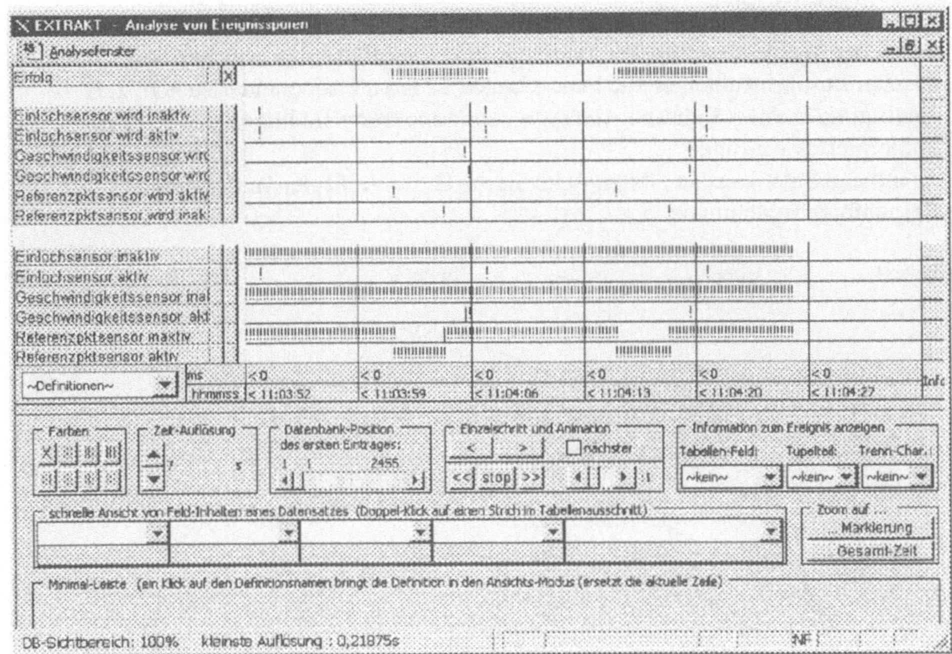

Bild 2: Zeitanalysefenster mit Bedingungs- und Ereignissignalen

Identifizierung von Verhaltens-Grundelementen:

Ein Fachmann kann die Aufzeichnungen erst dann sinnvoll nutzen, wenn er in ihrem Verlauf bekannte Verhaltensmuster wiedererkennt, die er intuitiv mit seinem Hintergrundwissen über Bau und Funktion des Diagnoseobjekts in Beziehung setzen kann, um daraus Schlußfolgerungen abzuleiten. Dieser Arbeitsschritt heißt *Interpretation* und findet, bewußt oder unbewußt, bei jeder Diagnose statt. Im ersten Schritt müssen dazu die in der Aufzeichnung erkennbaren Grundelemente benannt werden, z. B.

- Verlaufsmuster kontinuierlicher Signale
- erfüllte Bedingungen, z.B. „Referenzpunktsensor *ist* aktiv“ (Bild 2)
- beobachtete Ereignisse, z.B. „Referenzpunktsensor *wird* aktiv“ (Bild 2) oder „Feldbustelegramm“

Der Troubleshooter spezifiziert mit geeigneten Beschreibungsmitteln eine Hypothese über das signifikante Vorkommen der Elemente im Beobachtungszeitraum; die

Hypothesenprüfung wird als Datenbanksuche automatisch ausgeführt. Ihr Ergebnis wird graphisch visualisiert (Bild 2) und jede Elementklasse mit einem aus der Denkwelt des Benutzers jeweils frei wählbaren Begriff verknüpft („Referenzpunktsensor aktiv"). Ist der Zoom-Maßstab zu grob gewählt, so daß sich Details (z. B. mehrere Ereignisse) in der Darstellung überlagern, wird dies durch ein Überlagerungssymbol im Zeitablauf signalisiert. Man kann sich auf Wunsch alle zu den Ereignissen bekannten Zusatzinformationen in separaten Fenstern anzeigen lassen.

Erkennen von Verhaltens-Zusammenhängen:
In gleicher Weise überprüft der Benutzer nun Hypothesen, in welchen zeitlichen oder kausalen Zusammenhängen die beobachteten Elemente zueinander stehen, z. B.
- Bedingungsgefüge: logische Abhängigkeiten mehrerer Bedingungen, z. B. ihr kombiniertes Auftreten
- Ereignisgefüge: kausale Abhängigkeiten, z. B. ihr Auftreten in definierten Reihenfolgebeziehungen

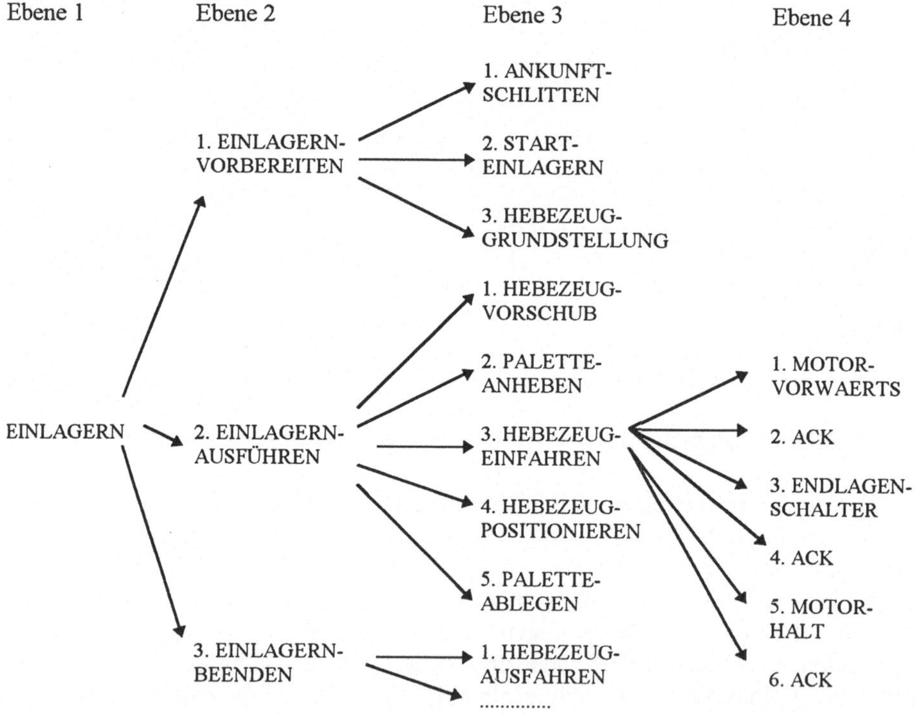

Bild 3: Ereignishierarchie am Hochregallager der CIM-Fabrik

Die im Ergebnis der Hypothesenprüfung (Datenbanksuche) vom Werkzeug erkannten Szenarien (Fälle) werden graphisch u. a. mit Hilfe von Farbeffekten separiert (Bild 2) und vom Troubleshooter ebenfalls mit einprägsamen Namen versehen. Bereits visuell

kann so ihre relative Häufigkeit und damit auch ihre Bedeutung als Verhaltensinvariante („Wenn-Dann...") abgeschätzt werden.
Auf die so gefundenen Erkenntnisse kann dieser Abstraktionsschritt beliebig rekursiv angewendet werden, so daß aus einfachen, dem Werkzeug namentlich bekannten Szenarien schrittweise komplexere Hypothesen formuliert und überprüft werden können. Bild 3 zeigt eine so gewonnene Szenarien-Hierarchie aus der im Automatisierungs-Labor der Fakultät Informatik betriebenen CIM-Modellfabrik, welche die Dienstaufrufe in der Workstation (Ebenen 1 und 2), der SPS (Ebene 3) sowie ein Beispiel für den zugehörigen Protokollverkehr am Feldbus (Ebene 4) in Abstraktionsebenen darstellt.

Ableitung von Metriken:
Die aus den Beobachtungen herausgefilterten Ereignisse und Ereignisgefüge sind nun so abstrakt, daß sie als einzige explizite Information den Zeitstempel tragen und alle weiteren Eigenschaften nur noch symbolisch in Form ihres Bezeichners (Namens) transportieren. Ausgewählten Ereignissen können in EXTRAKT nun wieder metrische Werte zugeordnet werden, so daß Zeitverläufe entstehen, die sich wie übliche Abtastsignale darstellen lassen und vom Benutzer mit sinnfälligen Signalnamen versehen werden können. Häufig verwendet werden z. B.:
- Zeitstempel-Differenzen (Programmlaufzeiten, Telegramm- und Maschinentotzeiten)
- relative Anzahl (Häufigkeiten, Feldbus-Performance)

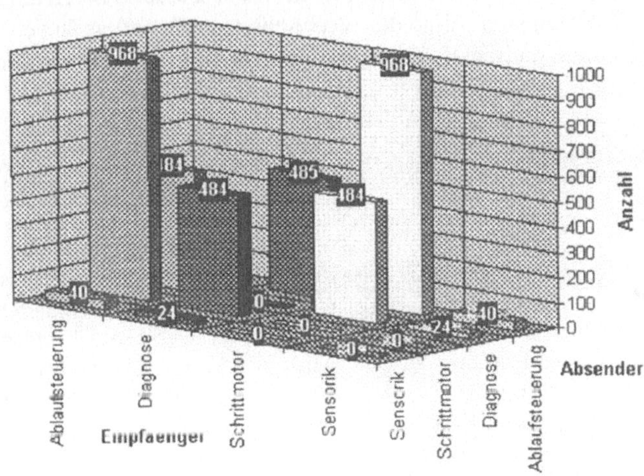

Bild 4: Kontakthäufigkeit zwischen EXTRAKT-Datenbankelementen
(hier: Sender-Empfänger-Beziehungen in einem Feldbussystem)

Auch diese neuen Signalverläufe können anschließend wieder rekursiv mit den oben genannten Interpretationsmethoden untersucht werden. Auf diese Weise entstehen Signal- und Fallhierarchien, die eine immer abstraktere Sicht auf das beobachtete Verhalten erlauben und ein immer mächtigeres Beschreibungsniveau bieten, z. B.:
- Laufzeitverhältnis zweier Programme, relative Auslastung von Prozessoren, Netzen

- Anstieg der Netzbelastung, typische Lastverläufe, Oszillationen
- gemeinsames Auftreten von Überlast und bestimmten Wartezeiten; Zusammenhang zwischen Hochlast und bestimmten Telegrammarten, Sendern, Empfängern usw..

Berechnung von Überblicks-Sichten:
Sind metrische Daten aus Messungen oder den oben genannten Verarbeitungsschritten vorhanden, so kann EXTRAKT einen flexiblen Systemüberblick in Form frei konfigurierbarer Sichten präsentieren. Das Beispiel in Bild 4 zeigt, wie häufig einzelne Feldbusknoten als Sender an die verschiedenen Empfängerknoten Telegramme absenden.

Suche nach Anomalien:
Bei der Inbetriebnahme setzen Diagnoseaktivitäten in der Regel erst ein, nachdem zuvor bei Tests oder Betriebsphasen Fehler*wirkungen* beobachtet wurden. Zur Suche nach den Fehler*ursachen* ist die Aufzeichnung von Zeitverläufen (Monitoring) vor allem dann notwendig, wenn die beobachteten Fehlerwirkungen zeitabhängig, also z. B. transient sind. Das beobachtete Fehlerwissen wird in die Interpretation der Histories in drei Schritten eingebracht:
Spezifikation der Fehlerwirkungen: Zunächst müssen alle unerwünschten Verhaltensweisen, deren Ursachen aufgedeckt werden sollen, hinreichend beschrieben werden. Dies ist mit den oben dargestellten Interpretationsmethoden leicht möglich.
Suchen nach ähnlichen Fehlerwirkungen: Auf der Basis dieser Spezifikationen kann EXTRAKT die Datenbank durchsuchen, ob ähnliche Fehlerszenarien auch zu anderen Zeitpunkten aufgetreten sind, ohne den Beobachtern aufgefallen zu sein. Der Benutzer erhält dadurch einen schnellen Überblick über das aufgezeichnete Gesamtverhalten des Diagnoseobjekts.

Bezeich-nung	**Bedeutung**
NORMAL	Das Segment ist ohne erkennbaren Zeitbezug zu einer Fehlerwirkung; das Diagnoseobjekt ist im Beobachtungszeitraum entweder frei von Fehlermechanismen, oder diese existieren nur latent, ohne sich auszubreiten
VORBE-REICH	Das Segment liegt zeitlich unmittelbar vor den Fehlerwirkungen. Aus Kausalitätsgründen müssen hier die verursachenden Fehlermechanismen wirken, nach denen gesucht wird. Mit geeigneten Hilfsmitteln ist diese Fehlerausbreitung bereits beobachtbar, bevor die offensichtlichen Fehlerwirkungen einsetzen.
WIRKUNG	Hier sind die spezifizierten Wirkungen offen beobachtbar.
NACHBE-REICH	In seltenen Fällen sind noch Rückschlüsse auf verursachende Fehlermechanismen möglich. Meist ist das Gesamtverhalten des Systems aber inzwischen durch Fehlerfortpflanzung so nachhaltig gestört, daß keine verwertbaren Erkenntnisse mehr gewonnen werden können. Soll sich an dieses Segment wieder ein Nachbarsegment mit dem Attribut NORMAL anschließen, müssen im NACHBEREICH alle Spätwirkungen des Fehlers sicher abgeklungen sein.

Tabelle 1: Arten von History-Segmenten

Segmentierung der beobachteten Zeitabschnitte: Die dabei gewonnenen Informationen machen es nun möglich, den gesamten Aufzeichnungszeitraum lückenlos in Segmente aufzuteilen und diesen gemäß ihrer Bedeutung Attribute zuzuordnen (Tabelle 1).
Suche nach Gemeinsamkeiten und Unterschieden: In den einzelnen Segmenten werden nun verschiedene Verfahren zum Aufspüren von Unregelmäßigkeiten durch Mustervergleich eingesetzt. Auch Methoden zur Signalanalyse, statischen und dynamischen Systemanalyse /2/4/5/ schließen aus der vergleichenden Beobachtung des gestörten Prozeßverlaufs auf gegenseitige Zusammenhänge und decken so versteckte Funktionsabhängigkeiten im Inneren des Systems auf.

3.3. Erste Nutzererfahrungen und Ausblick

Erste Tests an der CIM-Fabrik im Automatisierungs-Labor der Fakultät Informatik waren erfolgreich. Diese Fabrik besteht aus einer realen CNC-Fräsmaschine sowie einer Anlage in Fischer-Technik, welche ein Hochregallager, Transportsysteme, sechs Bearbeitungszentren mit je einer Werkzeugmaschine sowie einen Roboter enthält. In der Leitebene, die aus zwei DEC-Alpha-Workstations besteht, arbeitet ein Original-Fertigungsleitstand (ABB PRODUCAM) sowie Leit- und Qualitätssicherungssoftware (SPC) aus eigener Entwicklung. Ihr sind SPS (SIMATIC S5) unterlagert, wobei die Kommunikation über Ethernet und einen LON-Feldbus stattfindet.

Die Effizienz läßt sich künftig weiter steigern, wenn EXTRAKT mit Tools für die früheren Entwicklungsphasen der Anlagen integriert wird. So lassen sich viele A-Priori-Informationen über deren Struktur und Verhalten bereits im Vorfeld gewinnen, z. B. aus folgenden Quellen:
Standards: Viele Abläufe sind durch Standards vorgeschrieben und können daher fest in die Diagnosewerkzeuge abgelegt werden, z. B. die Protokolle für Feldbusse:
- Namen von Telegrammarten, Diensten, Abläufe von Diensten (bestätigt, unbestätigt usw.)
- Eigenschaften und Funktionalitäten der virtuellen Geräte aus Branchenprofilen

Entwurf: Statische Strukturinformationen lassen sich aus Entwurfswerkzeugen in die Datenbasis des Diagnosewerkzeugs übernehmen; dynamische Eigenschaften aus Simulationswerkzeugen:
- Namen von Softwareobjekten, Knoten, Netzsegmenten, Netzparameter für Performance, Timeout usw.
- die für Ablaufsteuerungen festgelegten Bewegungsreihenfolgen

Inbetriebnahme: Im Verlaufe der Erprobung gewinnt das Inbetriebnahmepersonal tiefgehende Erkenntnisse über das dynamische Verhalten der Anlagen. Dieses Wissen wird nur partiell dokumentiert und geht somit verloren, so daß nie wieder ein ähnlich hoher Wissensstand erreicht wird wie am Ende der Inbetriebnahme. Gelingt es, Teile davon in die Datenbasis eines Diagnosewerkzeugs zu übernehmen, werden später Diagnose und Wartung davon profitieren:
- Programmlaufzeiten, Last- und Performancegrößen von Netzen und Betriebssystemen
- Transport- u. Totzeiten, Zeitkonstanten von Anlagen,

Wahrscheinlichkeitskenngrößen des Verhaltens
Diagnose: Fehlersuche geht mit einem ständigen Erkenntnisprozeß einher, dessen Ergebnisse unter dem Erfolgszwang der schnellen Fehlerbeseitigung kaum dokumentiert werden. Protokolliert das Diagnosewerkzeug alle auf dem Wege dahin gesammelten Verhaltensmuster und Zusammenhänge, so wächst mit jedem Einsatz die Wissensbasis über das Diagnoseobjekt.

/1/ Kowalewski, S.: Modulare Modellierung verfahrenstechnischer Anlagen zum systematischen Steuerungsentwurf. Diss. Univ. Dortmund 1995

/2/ Kabitzsch, K.; Holzmüller, T.; Warnstorff, A.: Diagnose paralleler und verteilter Rechnersysteme mit Hilfe von Synchronieanalysen. it + ti - Informationstechnik und Technische Informatik 36 (1994) 3, S. 20 –29

/3/ Dauphin, P.; Hartleb, F.; Kienow, M.; Mertsiotakis, V.; Quick, A.: PEPP: Performance Evaluation of Parallel Program. Technical Report 5/92, Universität Erlangen-Nürnberg, IMMD VII, 1992

/4/ Kabitzsch, K. (Hrsg): Tagungsband "Automatisierungskonzepte mit verteilter Intelligenz".TU Dresden, Fakultät Informatik, Oktober 1995

/5/ Kubin, H.: ADM - ein Werkzeug zur Prozeßidentifikation mit Beratung. Tagungsband 42. Internat. Wiss. Kolloq. TU Ilmenau, Sept. 1997, Band 3, S. 129-133

/6/ N.N:: Open Control Interface. Spezifikation Version 1.3 Teil 3 CALL-P, InterBus-S Club, Baden Baden 1997

/7/ Myers, G. J.: Methodisches Testen von Programmen. 3. Auflage, Oldenbourg Verlag München, 1995

/8/ Isermann, R.: Überwachung und Fehlerdiagnose - Moderne Methoden ind ihre Anwendungen bei technischen Systemen. VDI-Verlag Düsseldorf 1994

/9/ Dietrich, D. u. a.: LON-Technologie - Verteilte Systeme in der Anwendung. Hüthig Verlag Heidelberg 1998

/10/ Kabitzsch, K.; Hartenstein, D.; Wurlitzer, T.: Integrierte Diagnose von Anlagen mit vernetzten Automatisierungssystemen. Vortrag, GMA-Kongreß"96, Baden-Baden, Sept. 1996, VDI-Berichte Nr. 1282, S. 517 - 526, VDI-Verlag Düsseldorf 1996

/11/ Kabitzsch, K.; Hartenstein, D,: Mit Excel gegen Fehler - Fehlern in LON-Netzwerken auf der Spur. Elektronik (1997) H. 19, S. 80-85

QoS von IP–Verbindungen unter Realzeitbedingungen

Ursula Hilgers

Regionales Rechenzentrum der FAU Erlangen–Nürnberg, Martensstraße1, 91058 Erlangen
Ursula.Hilgers@rrze.uni-erlangen.de

1 Einleitung

Mit dem wachsenden Bedarf an Internet–Kommunkation, vor allem auch im kommerziellen Bereich, steigt die Notwendigkeit, die Dienstgüte von Netzwerken zu messen und zu überwachen. Bei der IETF (Internet Engineering Task Force) beschäftigt sich die Arbeitsgruppe IPPM (IP Performance Metrics) mit der Entwicklung von Standard–Metriken zur Qualitäts–, Performance– und Zuverlässigkeitsbestimmung von IP–Verbindungen in Netzen.

Das One–Way–Delay, eine der von der IETF vorgestellten Metriken, mißt die Übertragungszeit eines Paketes zwischen zwei Rechnern. Mit dem One–Way–Delay kann die Qualität einer IP—Verbindung vor Inanspruchnahme eines Dienstes überprüft werden. Denn viele Dienste, beispielsweise die Sprachübertragung, sind abhängig davon, daß Pakete zwischen verschiedenen Kommunikationspartnern ohne große Verzögerungen transportiert werden. Zusätzlich kann die Kenntnis des One–Way–Delays sowohl für den Netzbetreiber als auch den –nutzer sehr interessante Aussagen über die IP–Dienstqualität in den Netzen liefern, in denen z.B. kein symmetrisches Routing konfiguriert ist oder die Auslastung auf Hin– und Rückweg stark differiert.

2 Voraussetzungen

Zur Realisierung der Metrik wurde am RRZE ein Programm entwickelt, das zur Bestimmung des Delays zwischen zwei Prozessen, dem Sender und dem Empfänger, Pakete über UDP–Sockets austauscht. Vor dem Versenden werden die Pakete mit Zeitstempeln versehen. Der Empfänger liest das Paket, bestimmt seine Empfangszeit und die Sendezeit aus dem Paket und berechnet aus der Differenz der beiden Zeitstempel das One–Way–Delay.

Da die Zeitspanne zwischen Verlassen des Paketes auf Sendeseite bis zum Lesen des Paketes auf Empfangsseite interessiert und nicht die Zeitdauer zwischen Initiierung des Sendevorgangs und Ende des Empfangsprozesses auf dem Zielrechner, soll bei der Bestimmung des One–Way–Delays die Laufzeit eines Paketes möglichst genau bestimmt werden. Deshalb müssen folgende Fehlerquellen bei der Bestimmung der Metrik reduziert werden:

- Fehler durch die unzureichende Synchronisation der Uhren,
- Fehler, die zwischen der Zeitbestimmung und dem Verschicken des Paketes bzw. nach Empfang des Paketes und Bestimmen des Zeitstempels durch die Bearbeitungszeiten im Betriebssystem entstehen.

Der erste Fehler kann durch die Wahl geeigneter Synchronisationsprotokolle reduziert werden. Dazu werden die verwendeten Uhren mit *NTP* (Network Time Protocol) synchronisiert, ein Verfahren mit einer Genauigkeit im Bereich von Millisekunden.

Die Fehler, die durch Bearbeitungszeiten im Betriebssystem hervorgerufen werden, sollen durch verschiedene Lösungsansätze minimiert werden. Dabei wird auf Betriebssystem–Mechanismen zurückgegriffen, die unter UNIX–Betriebssystem–Varianten zur Verfügung stehen.

2.1 Beschreibung der Meßumgebung

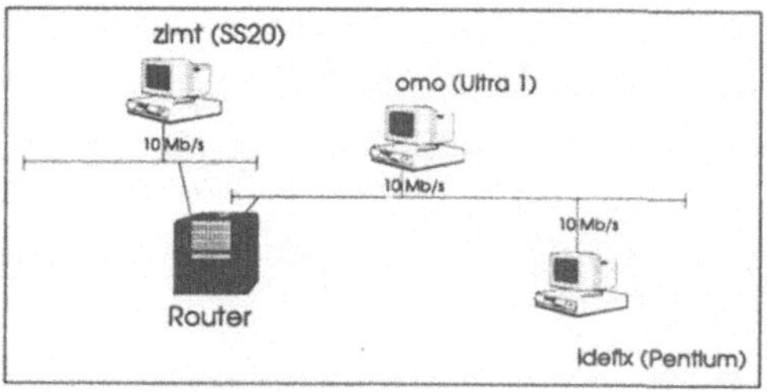

Abbildung1. Meßumgebung

Zur Bestimmung des One–Way–Delays wurden folgende Rechner eingesetzt:

- *omo*: eine Testmaschine (ULTRA 1, 64 MB Hauptspeicher, Solaris 2.5.1), die während der Messungen durch drei User–Level–Prozesse belastet ist, die eine unbedingte leere Endlosschleife ausführen,

- *zimt*: ein Web–Server (eine SPARCStation 20, 64 MB Hauptspeicher, Solaris 2.5.1),
- *idefix*: ein Pentium (GA–586HX, 166 MHz, 64 MB RAM, Linux Version 2.0.33 und Echtzeiterweiterung, RT–Linux 2.0.33), der während der Messungen wie *omo* durch drei User–Level–Prozesse belastet ist.

Die Rechner sind, wie in Abb. 1 dargestellt, miteinander verbunden und im Netz des RRZE integriert. Dieses Netz gehorcht normalen Betriebsbedingungen. Die Uhren aller drei Maschinen sind über *NTP* synchronisiert.

3 Zeitmessungen in UNIX–Betriebssystemen

Im ersten Ansatz werden die in die Pakete eingetragenen Zeitstempel mit der in UNIX–Systemen enthaltenen System–Funktion *gettimeofday()* bestimmt. Abbildung 2 gibt das Ergebnis zweier Messungen zwischen *omo* und *zimt* zu verschiedenen Tageszeiten wieder.

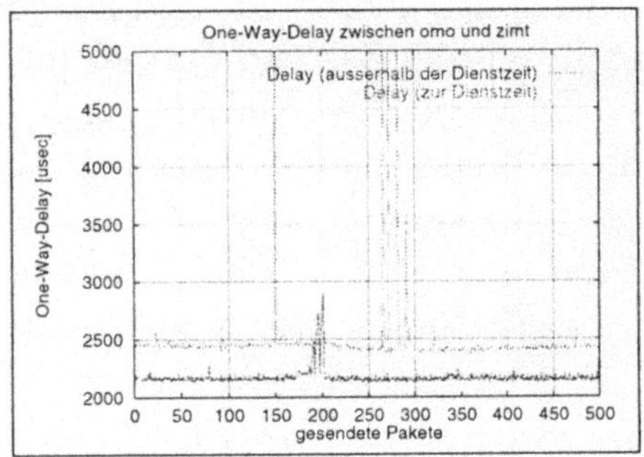

Abbildung2. Bestimmung des One–Way–Delays zwischen *omo* und *zimt* (Ausschnitt), die Delays sind in der Einheit μsec dargestellt

Schon dieses einfache Programm, das keine zeitlichen Randbedingungen berücksichtigt, zeigt Unterschiede in lokalen Netzen auf, in denen Übertragungszeiten im Bereich von Millisekunden liegen. Zur Dienstzeit ist das Delay grösser, der Web–Server *zimt* ist neben den Messungen mit anderen Prozessen belastet, die alle um die CPU konkurrieren. Auch der Router ist stärker belastet. Die Streuung des Delays — zur Dienstzeit deutlich größer als außerhalb der Dienstzeit — ist ein Zeichen für die Undefiniertheit des Zeitverhaltens in UNIX–Systemen. Je mehr Prozesse um die CPU konkurrieren, desto unbestimmter ist die Dauer zur Beendigung des einzelnen.

Im folgenden soll dargelegt werden, warum die in Abb. 2 dargestellten Messungen durch die zeitlichen Unzuverlässigkeiten bei der Anwendung von UNIX–Betriebssystem–Funktionen grob verfälscht sind.

Wird von einem Applikationsprozeß auf Benutzerebene ein Systemaufruf durchgeführt, muß die Programmkontrolle an den Betriebssystemkern weitergegeben werden, der diesen Aufruf im privilegierten Modus durchführen kann. Dazu müssen verschiedene Betriebssystemaufgaben (z.B. Kopieren von Speicherbereichen bei Wechsel zwischen User– und Systemkontext) durchgeführt werden. Ist die Systemfunktion ausgeführt, kehrt die Programmkontrolle wieder an den Benutzerprozeß zurück.

Durch das prioritätengesteuerte Timesharing–Konzept beim Prozeß–Scheduling können zwar durch die Vergabe von Prioritäten Prozesse gegenüber anderen mit niedriger Priorität bevorzugt werden. Läuft aber die Zeitscheibe eines Prozesses ab, wird er suspendiert, seine Priorität neu berechnet und aus allen ausführungsbereiten Prozessen der höchstpriore ausgewählt. Dies sind denkbar ungünstige Voraussetzungen zur Gewährleistung von zeitkritischen Reaktionen. Durch die zeitlich unbestimmten Wartezeiten bei der Prozeßsteuerung in UNIX–Betriebssystemen kann nicht bestimmt werden, wieviel Zeit ein Prozeß für Prozeßwechsel verbringt.

Dadurch auftretende Fehler bei der Messung des One–Way–Delays können durch folgende Überlegungen abgeschätzt werden. Bei der Durchführung der "Referenzmessungen" werden Sender und Empfänger auf dem gleichen Rechner gestartet. In Abb. 3 sind sowohl bei *omo* als auch

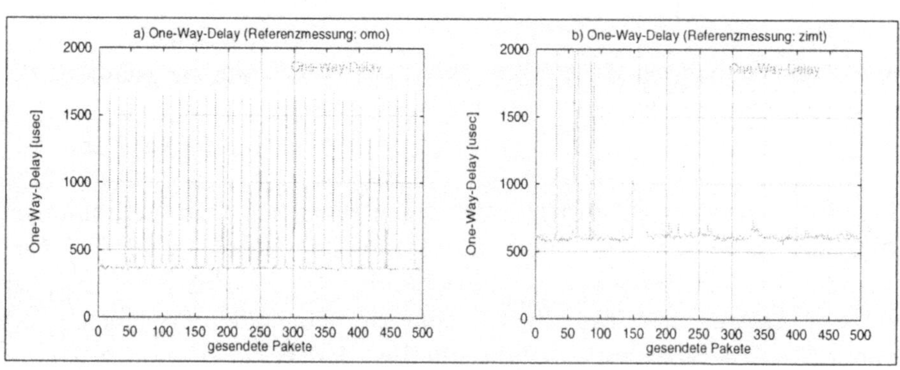

Abbildung3. Referenzmessungen von a) *omo* und b) *zimt* (Ausschnitt)

bei *zimt* stark schwankende Messwerte festgestellt worden. Die Meßreihe von *omo* spiegelt das sich regelmäßig wiederholende Verhalten des Systems wieder: neben der Messung laufen die drei Idle–Loops, sonst ist das System durch keine zusätzlichen Anforderungen belastet. Die Mehrzahl der gemessenen Delays liegt um die 400 Mikrosekunden, aber regelmäßig trifft ein Paket mit mehr als vierfacher Verzögerung ein, was sich in den großen Peaks äußert. Sie verdeutlichen, daß der Prozeß in regelmäßigen Abständen für die CPU–Zeit, die er in der Vergangenheit verbraucht hat, "bestraft" wird — er muß bei der Vergabe der CPU länger warten. Die Meßreihe von *zimt* in Abb. 3 b) zeigt Peaks im ersten Drittel der Messung, dort liegt eine unregelmäßige Belastung des Systems vor.

Beide Messungen zeigen, daß bei der Bestimmung der Übertragungszeit zwischen Rechnern Verfälschungen im Bereich von einer halben Millisekunde vorliegen können (bei *omo* ein wenig niedriger, bei *zimt* etwas höher).

Der durch diese Messungen bestimmte Fehler beinhaltet die folgenden Abläufe beim Versenden bzw. Empfangen von Paketen: Vor Versenden eines Paketes muß der Inhalt des Paketes zusammengestellt werden. Er besteht bei diesen Messungen aus einer Sequenznummer und dem Zeitstempel, der durch Aufruf der Systemfunktion *gettimeofday()* bestimmt wird. Dazu ist ein Kontext–Wechsel mit allen damit verbunden Verwaltungsaufgaben erforderlich. Hat das Anwendungsprogramm den Inhalt des IP-Paketes zusammengestellt, hängen Betriebssystem–Funktionen vor Versenden des Paketes UDP– und IP–Header an dieses Paket an. Danach beginnt der Routing–Prozeß: Der Rechner bestimmt das Interface, zu dem das Paket hinausgesendet werden soll. Werden Pakete von *omo* zu *omo* geschickt, erkennt der Rechner an dieser Stelle bereits, daß das Paket an ihn selber adressiert ist und leitet es nicht an den Ethernet–Treiber weiter. Entsprechend verkürzt sich bei den Referenzmessungen der Empfangsprozeß eines Paketes.

Mit diesen Überlegungen kann die Zeit, die auf Benutzerebene zum Erstellen eines Paketes (Sender) und Bearbeiten eines empfangenen Paketes — der Fehler bei der Bestimmung des One–Way–Delays — mit den Referenzmessungen abgeschätzt werden und damit die gemessenen Werte korrigiert werden. Zusätzlich soll der Fehler im folgenden ein Maß für die Güte des Meßprogramms sein: ist der Fehler groß, entstehen große Verfälschungen bei der Messung des One–Way–Delays durch Bearbeitungszeiten im Betriebssystem.

4 Messungen unter UNIX–Echtzeitbedingungen

Um die Zeit zu begrenzen, die ein Prozeß für die Bewältigung von Verwaltungsaufgaben im Betriebssystem verbringt (z.B. Scheduling–Verzögerungen können bis zu über eine Sekunde dauern), sollten Messungen mit Betriebssystemen unter Echtzeitbedingungen durchgeführt werden.

Echtzeitfähige Betriebssysteme haben die Fähigkeit, ohne Verzögerungen auf spezielle externe Ereignisse zu reagieren, d.h. bestimmte Prozesse so einzuplanen, daß sie in einer bestimmten Zeit nach Eintritt eines speziellen Ereignisses reagieren können. Dies ist unter UNIX–Version System V Release 4 (und später) mit der Echtzeitprioritätsklasse möglich, die neben der Benutzer- und System–Priorität existiert und "weiche" Echtzeitbedingungen garantiert.

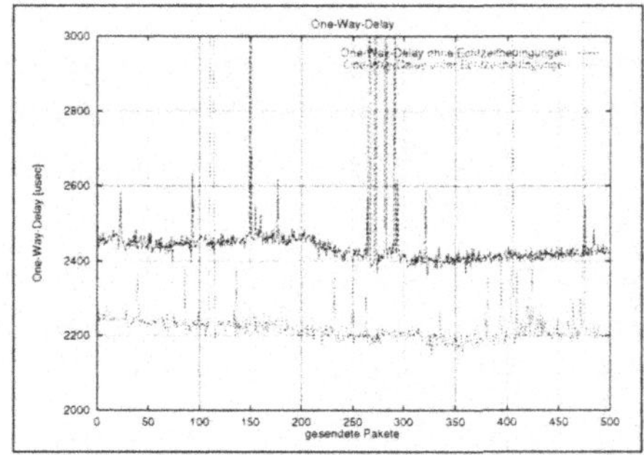

Abbildung4. Bestimmung des One–Way–Delays mit der Funktion *gettimeofday()*, ohne (oben) und mit Echtzeitbedingungen (unten) mit *plock()*, zwischen *omo* und *zimt* (Ausschnitt)

Das Programm, das bei den folgenden Messungen des One–Way–Delays mit Echtzeit–Priorität ausgeführt wurde, wird dahingehend verändert, daß mit Hilfe von Speichermechanismen die Auslagerung von Speicherbereichen, die zur Ausführung eines Programms im Hauptspeicher vorhanden sein müssen (Text- und Datensegment), vor Beendigung des Prozesses verhindert wird. Ein Prozeß kann dann nicht wegen eines "page faults" suspendiert werden. Insbesondere Echtzeitprozesse oder Prozesse, die unter festgelegten Zeitbedingungen durchgeführt werden, werden durch die Effekte der Seitenauslagerung besonders behindert.

Die mit diesem modifizierten Programm durchgeführte Messung ist in Abb. 4 und Abb. 5 dargestellt. Deutlich zu erkennen ist, daß das Delay und auch die Streuung der Delay–Werte unter Echtzeitbedingungen geringer sind als bei "normalen" UNIX–Prozessen, wobei Abb. 4 den Verlauf einer Messung und Abb. 5 die Verteilung des Delays darstellt.

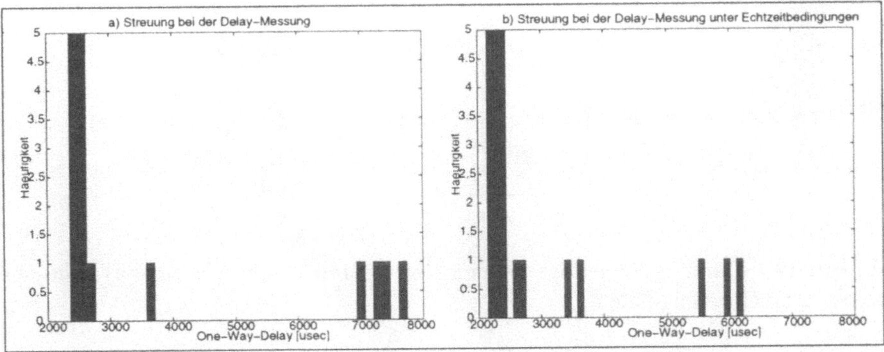

Abbildung5. Streuung der Delays bei Messungen a) ohne und b) unter Echtzeitbedingungen

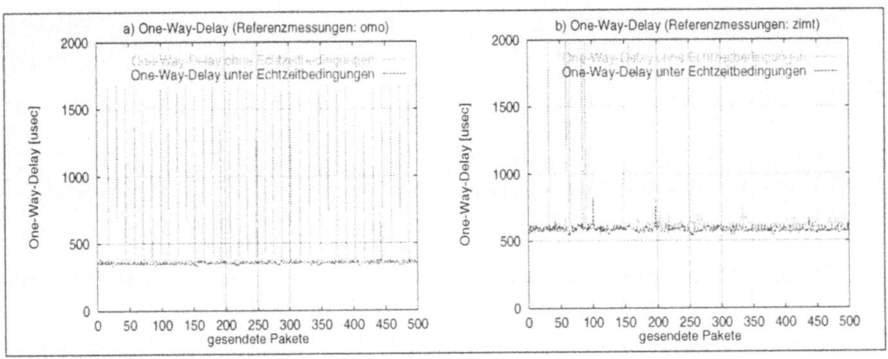

Abbildung6. Referenzmessung ohne und unter Echtzeitbedingungen von a) *omo* und b) *zimt*

Auch die Referenzmessung in Abb. 6 und Abb. 7 bestätigt diese Beobachtung (vgl. Abb. 3). Das Delay ist etwas niedriger und die Streuung wesentlich geringer. Das bedeutet, daß die Länge der Verwaltungs– und Bearbeitungszeiten im System durch die Verwendung von Echtzeitprioritäten nicht verringert werden kann, allerdings die unbestimmt langen Wartezeiten im System (die Peaks in der Messung). Die Verringerung des

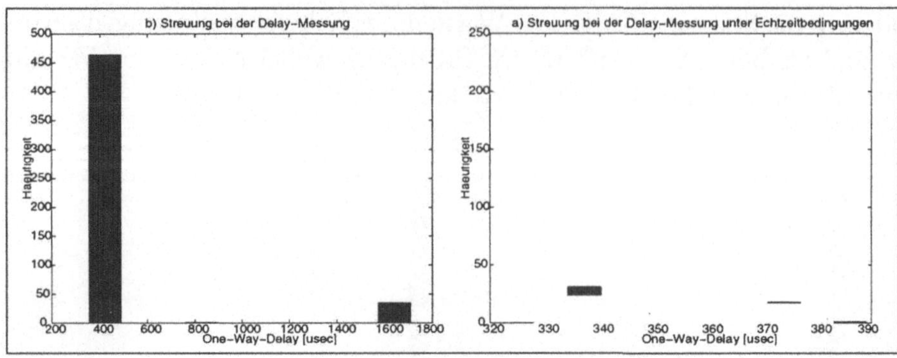

Abbildung7. Streuung der Delays bei den Referenzmessungen von *omo* a) ohne und b) unter Echtzeitbedingungen

Delays unter Echtzeitbedingungen im Vergleich zu "normalen" Benutzerprozessen (Abb. 4) ist auf die schnellere Zuteilung der CPU (Behandlung des I/O Interrupts) nach dem Erhalt eines Paketes vom Netz zu erklären. Insgesamt ist das Zeitverhalten durch die Anwendung der Echtzeitklasse deterministischer geworden.

Die einzelnen Ausreißer zeigen allerdings auch, daß die Echtzeitprioritäten in UNIX–Betriebssystemen nur für weiche Echtzeitbedingungen geeignet sind.

5 Messungen mit RT–Linux

Auch wenn es sich bei der Echtzeiterweiterung von Linux um eine Implementierung mit eingeschränkter Echtzeiteigenschaft handelt und RT–Linux unter die weichen Echtzeitsysteme fällt, erscheint die Untersuchung sinnvoll, inwiefern sich das unter Linux gemessene One–Way–Delay unter der Echtzeit–Erweiterung verbessert. Denn im Gegensatz zu den beschriebenen Echtzeitprioritäten unter UNIX ist RT–Linux ein Echtzeitbetriebssystem, in das das Linux–System als "Gast"–Betriebssystem eingebettet ist, eine Task, die nur mit niedriger Priorität läuft.

Zur Bestimmung des One–Way–Delays werden Sender und Empfänger so modifiziert, daß die Netzwerkaktivitäten, das Senden und Empfangen der Pakete, durch "normale" Linux Prozesse durchgeführt werden, während die Bestimmung des Zeitstempels, das Zusammenstellen der Pakete und das Bestimmen des Delays aus Sende– und Empfangszeit durch zwei Echtzeit–Tasks (*RT*-Sender und *RT*-Empfänger) ausgeführt werden.

Die Kommunikation zwischen den Realzeit–Prozessen und dem Sender– und Empfangs–Prozeß im Linux System wird mit FIFOs realisiert. Sie bilden die Verbindung zwischen den Echtzeit–Tasks und den Tasks unter "normalem" Linux. Sender und Empfänger können in diese FIFOs wie auf Character–Devices schreiben bzw. von ihnen lesen. Die RT–Tasks greifen asynchron auf diese FIFOs zu, da sie, um Echtzeit zu garantieren, nicht blockiert werden dürfen. Mit ihnen ist ein "Handler" verbunden, der aufgerufen wird, sobald in dem mit ihm verbundenen FIFO Daten verfügbar sind. Der Handler verarbeitet diese Daten unter RT–Linux. Zur Realisierung von *RT*-Sender und *RT*-Empfänger werden zyklische Tasks verwendet. Diese werden zu Beginn des Programmlaufs gestartet und dann in angegebenen Zeitintervallen periodisch ausgeführt. Die Zeitstempel zur Bestimmung des Delays werden mit der RT–Funktion *rt_get_time*() bestimmt, die die Echtzeit–Ticks seit Bootzeit bestimmt. Es handelt sich hierbei also um relative Zeitstempel im Gegensatz zu den absoluten von *gettimeofday()*.

Die Echtzeitkomponente des Senders, *RT*-Sender, bestimmt bei jedem Aufruf mit *rt_get_time*() den aktuellen Zeitstempel, schreibt diesen zusammen mit einer Sequenznummer in ein Paket und sendet dieses über das FIFO an den Sender–Prozeß. Dieser schickt das Paket über einen Socket an den Empfänger (s. Abb. 8).

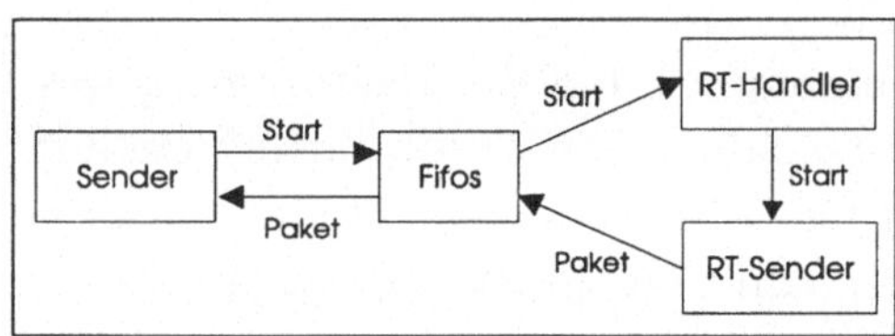

Abbildung8. Kommunikation zwischen Linux-Prozessen und RT–Linux–Prozessen: Sender

Der Linux–Empfängerprozeß liest das Paket und sendet es über einen FIFO an *RT*-Empfänger, der mit *rt_get_time*() die Empfangszeit und mit Hilfe der Sendezeit im Paket die Übertragungszeit berechnet (s. Abb. 9).

Abbildung 10 zeigt, daß die Bestimmung des Delays mit "normalen" Benutzerprozessen wesentlich weniger Schwankungen unterlegen ist als unter Solaris.

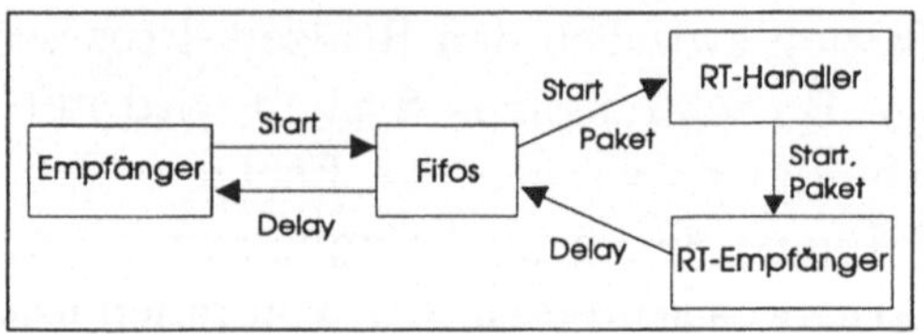

Abbildung9. Kommunikation zwischen Linux-Prozessen und RT–Linux-Prozessen: Empfänger

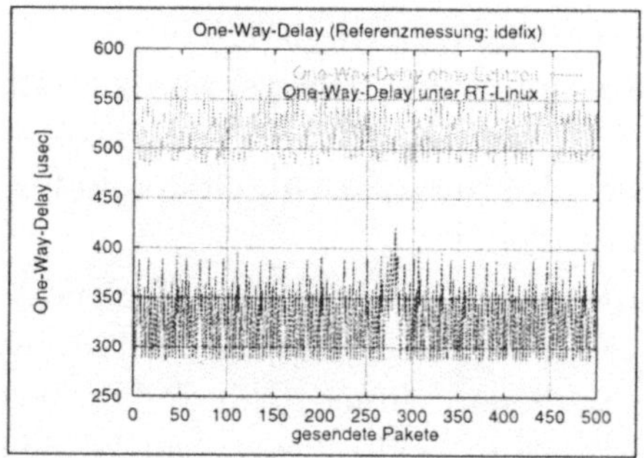

Abbildung10. Referenzmessungen auf *idefix*: unter Linux und unter RT–Linux

Außerdem ist zu erkennen, daß die Bestimmung des One–Way–Delays unter RT–Linux tatsächlich eine Verbesserung ergeben hat im Vergleich zu den Messungen unter "normalem" Linux. Das Delay ist um ungefähr ein Drittel geringer. Im Gegensatz zu den Delaymessungen unter Solaris mit Echtzeitprioritäten ist aber bei der Kommunikation mit dem Netz keine Verbesserung zu erwarten, da dieses weiterhin als "normaler" Linux–Prozeß ausgeführt wird. Allerdings zeigt der Peak in der Echtzeit–Messung, daß es sich bei RT–Linux auch nur um eine Implementierung mit eingeschränkten Echtzeitfähigkeiten handelt.

6 Zusammenfassung

Zur Bestimmung des One–Way–Delays, das Aussagen über die Qualität von Netzverbindungen zuläßt, müssen zeitlich harte Randbedingungen erfüllt werden.

Die bisherigen Untersuchungen zeigten, daß, begonnen mit einem "naiven" Programm, durch den Einsatz von Betriebssystemmechanismen eine

Reduktion des Fehlers, der durch Bearbeitungs- und Verwaltungsaufwand im Betriebssystem hervorgerufen wird, möglich ist. Eine Verbesserung der Messungen konnten Prozesse erzielen, die mit Echtzeitprioritäten ausgeführt wurden. Dabei verringerte sich das Delay deutlich, was mit dem besseren Zeitverhalten — wegen der Echtzeitprioritäten — auf I/O-Ebene zu begründen ist. Die Streuung, die durch die zeitlich stark variierenden Bearbeitungs- und Verwaltungszeiten hervorgerufen werden, verringerte sich deutlich.

Durch die Wahl des Betriebssystems Linux mit Echtzeiterweiterung (RT-Linux) kann ebenfalls das Delay im Vergleich zu Messungen mit "normalem" Linux deutlich reduziert werden. Dort ist allerdings nur eine Verkürzung der Zeit für Bearbeitungs- und Verwaltungsaufgaben, nicht aber die für I/O-Aktivitäten zu beobachten, denn letztere werden weiterhin nicht unter Echtzeitbedingungen durchgeführt.

Bei beiden Verfahren ist erkennbar, daß sie nur bedingte Echtzeitreaktionen erlauben.

Literatur

[Fra] Paxson, V., Almes G., Mahdavi J., Mathis M.: Framework for IP Performance Metrics. Internet Draft (Januar 1998)

[Del] Almes G., Kalidindi S.: A One-Way-Delay: Metric for IPPM. Internet Draft (Juli 1997)

[Tan] Tanenbaum, A.: Modern Operating Systems. Prentice Hall (1992)

[Arc] Andleigh, P.: UNIX System Architecture. Prentice Hall (1990)

[Des] Bach, M.: The Design of the UNIX Operating System. Prentice Hall (1986)

[Com] Comer, D.: Operation System Design. Prentice Hall, Inc. (1987)

[Mag] Goodheart, B., Cox, J.: The Magic Garden Explained. Prentice Hall (1994)

[IP1] Stevens, R.: TCP/IP Illustrated, Volume 1. Addison Wesley Longman, Inc. (1994)

[IP2] Wright, G., Stevens, R.: TCP/IP Illustrated, Volume 2. Addison Wesley Longman, Inc. (1995)

[Fan] Fangmeyer, M.: QoS-Überwachung von verteilten Echtzeitanwendungen in Hochgeschwindigkeitsnetzen am Beispiel von Videokonferenzen. Diplomarbeit an der Friedrich-Alexander-Universität Erlangen Nürnberg (1997)

[RTL] Web-Seiten des RT-Linux Projektes. http://rtlinux.cs.nmt.edu/rtlinux (August 1998)

Fernsteuerung eines Handhabungsautomaten über Internet

H. Friz, R. Behnke, P. Elzer
Institut für Prozeß- und Produktionsleittechnik
Technische Universität Clausthal
Julius-Albert-Str. 6
38678 Clausthal-Zellerfeld, Deutschland
harald@friz.com, {elzer, behnke}@ipp.tu-clausthal.de

B. Dalton, K. Taylor
Department of Mechanical Engineering
The University of Western Australia
Nedlands, Perth WA 6907, Australien
{barneyd, ken}@cyllene.uwa.edu.au

1 Einleitung

Für einen über das World Wide Web (WWW) fernsteuerbaren Handhabungsautomaten (http://telerobot.mech.uwa.edu.au/) wurde im Rahmen einer Diplomarbeit (Friz, 1998) an der TU Clausthal in Zusammenarbeit mit der University of Western Australia eine neue Benutzerschnittstelle entwickelt. Videobilder von der Arbeitsumgebung des Handhabungsautomaten werden dabei mit computergenerierten Grafiken überlagert (Augmented Reality). Die ergonomische Gestaltung der Grafiken basiert auf dem ökologischen Ansatz der visuellen Wahrnehmung nach Gibson (1979).

Das World Wide Web (WWW) ist eine Sammlung von Protokollen, Übereinkünften und zugehöriger Software, die auf der Infrastruktur des Internets aufsetzt. In den letzten Jahren entwickelte es sich immer mehr zu einem Standardmedium des Informationsaustausches. Der Gedanke lag nahe, das WWW auch zur Überwachung und Steuerung von Geräten zu verwenden.

Im September 1994 wurden die ersten Roboter so mit dem WWW verbunden, daß jeder beliebige WWW Benutzer über seinen Browser mit Hilfe dieser Handhabungsautomaten die physische Umgebung an einem entfernten Ort verändern konnte. Dies waren das "Mercury Project" (Goldberg et al., 1995) und "Australia's Telerobot on the Web" (Taylor & Trevelyan, 1995). Letzerer ist seitdem ununterbrochen online verfügbar gewesen und wird zur Zeit von etwa 100.000 Personen jährlich besucht. In der Zwischenzeit haben die Hard- und Software des Roboters einige Überarbeitungen erfahren (Taylor et al., 1998). Das Konzept der Benutzerschnittstelle blieb aber im Prinzip unverändert.

2 Aufgabenstellung

Für Australia's Telerobot on the Web (http://telerobot.mech.uwa.edu.au/) war eine neue Benutzerschnittstelle zu entwickeln und auf einfache und intuitive Bedienung zu optimieren.

2.1 Der Handhabungsautomat

Bei dem Handhabungsautomaten handelt es sich um einen sechsachsigen Industrieroboter mit einem einfachen druckluftgetriebenen Klauengreifer. Er ist in einer Laborumgebung aufgestellt. Als Arbeitsumgebung dient ein Tisch mit quadratischer Grundfläche (60cm x 60cm), auf dem einige Holzklötze bereit liegen. Vier Videokameras (drei ortsfest, eine am Arm des Handhabungsautomaten montiert) liefern Einzelbilder für die Benutzerschnittstelle (Abbildung 1).

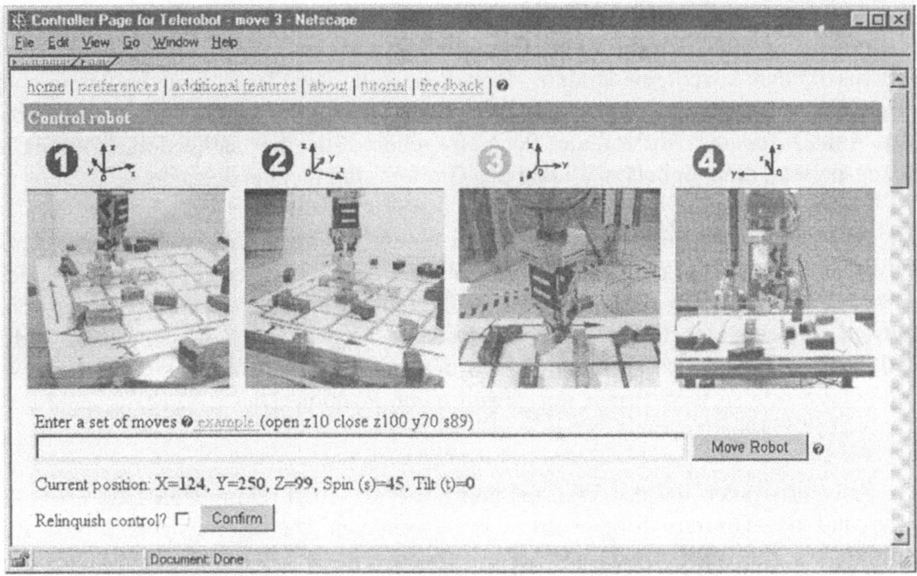

Abbildung 1: Bisherige Benutzerschnittstelle. Ein Bediener ermittelt anhand der Bilder und der Koordinaten der aktuellen Greiferposition den nächsten Bedienschritt. In einer Befehlszeile gibt der Bediener dann die Zielkoordinaten der nächsten Bewegung ein.

2.2 Bisherige Benutzerschnittstelle

Bei der bisherigen Benutzerschnittstelle (Abbildung 1) werden auf einer Webseite vier statische Bilder angezeigt. Anhand dieser schätzen Bediener die momentane Position des Greifers ein. Die Positionierung des Greifers erfolgt dann über die numerische Eingabe von absoluten Zielkoordinaten. Nach Durchführung der Neupositionierung muß der Bediener warten, bis eine neue Webseite mit aktualisierten Bildern übermittelt wurde.

Eine Auswertung der Benutzerkommentare, die über Email, eine spezielle Kommentarseite, online Dialoge und Laborbeobachtungen gewonnen wurden, zeigte mehrere Schwachstellen der bisherigen Benutzerschnittstelle auf. Diese umfassen

1) die Notwendigkeit "in Zahlen zu denken",
2) Schwierigkeiten bei der Wahrnehmung der räumlichen Lage der Objekte und des Greifers,
3) Schwierigkeiten, die möglichen Positionen des Greifers zu erkennen,
4) fehlende Bezugspunkte für die genaue Positionierung des Greifers und
5) die erzwungene Untätigkeit, während eine neue Seite aufgebaut wird.

Da ein Bediener die gewünschte Position des Greifers nur anhand von Zahlenwerten angeben kann, muß er die Lage der Objekte im Raum in kartesischen Koordinaten bestimmen. Er muß sich die Lage, Orientierung und den Maßstab des Koordinatensystems in den jeweiligen Bildern vorstellen. Auf dem Tisch sind Hilfslinien im Abstand von jeweils 100 mm aufgetragen, die zusammen mit zwei Pfeilen einen groben Anhalt für die horizontale Position geben. Für die Höhe fehlen optische Bezugspunkte, die möglichen Winkel des Greifers sind nicht ersichtlich.

Die weiteren Kritikpunkte ergeben sich zu einem gewissen Grad alle von der stark schwankenden Übertragungsrate des WWW und den daraus resultierenden variablen Zeitverzögerungen von typischerweise 30 Sekunden bis zu mehreren Minuten. Die meisten Bediener gehen nach einer "probierenden" Strategie vor. Sie schätzen die Zielposition grob ab, bewegen den Greifer dorthin, warten die aktualisierten Bilder ab und nähern sich so schrittweise der gewünschten Position. Dieser Vorgang zieht sich über viele Minuten hin.

Die Schwierigkeiten bei der Wahrnehmung der aktuellen räumlichen Lage der Objekte und des Greifers folgen aus der verwendeten Darstellungstechnik, die mit monoskopischen Bildern auskommen muß. Wenn ein Objekt in zwei Bildern aus unterschiedlichen Blickwinkeln sichtbar ist, ist die räumliche Position zwar eindeutig bestimmt und könnte durch Triangulation rechnerisch ermittelt werden. Die Rückmeldungen zeigten aber, daß die meisten Bediener nicht in der Lage sind, den Bildern diese Information ohne optische Hilfsmittel zu entnehmen.

2.3 Anforderungen an die neue Benutzerschnittstelle

Die neue Benutzerschnittstelle war auf einfache und intuitive Bedienbarkeit zu optimieren und unter Berücksichtigung folgender Anforderungen zu entwerfen:

1) Der Bediener muß den Greifer genau positionieren können, ohne das verwendete Koordinatensystem kennen zu müssen.
2) Die Benutzerschnittstelle soll eine möglichst direkte Wahrnehmung der räumlichen Lage der Objekte und des Greifers, insbesondere der relativen Lage des Greifers zu ausgewählten Objekten, unterstützen.
3) Die Benutzerschnittstelle soll die direkte Wahrnehmung des Arbeitsbereichs des Greifers unterstützen.
4) Die Auswirkung von Bedienhandlungen soll visualisiert werden.
5) Zeitverzögerungen bei der Datenübertragung sollen die Interaktion des Bedieners mit der Benutzerschnittstelle möglichst wenig beeinflussen.

Dank der rasanten Entwicklung und Verbreitung neuer Browsertechnologien in den letzten drei Jahren verfügen mittlerweile fast alle Nutzer (AdKnowledge, 1998) des WWW über Browser, die in der plattformunabhängigen Programmiersprache Java™ geschriebene Programme, sog. Applets, ausführen können. Damit ist es möglich, Benutzerschnittstellen für webbasierte Telerobotikanwendungen zu entwickeln, die eine lokale Simulation des Roboterverhaltens verwenden.

3 Das Lösungskonzept

Die Lösung basiert auf dem Konzept, die von den Kameras gelieferten Bilder mit computergenerierten Elementen zu überlagern. Dabei werden die Techniken der *predictor displays* und der Augmented Reality kombiniert. Die Gestaltung der Elemente orientiert sich am ökologischen Ansatz der Wahrnehmungsspsychologie.

3.1 Predictor displays

In der Telerobotik werden *predictor displays* (Sheridan, 1992) seit über 10 Jahren verwendet, um bei Systemen mit spürbarer Zeitverzögerung lokal auf dem Bedienrechner das voraussichtliche Verhalten des Roboters zu simulieren und zu visualisieren. Der Bediener erhält so einen unmittelbaren Eindruck, wie sich seine Bedienhandlungen auswirken werden.

3.2 Augmented Reality

Für Benutzerschnittstellen, die auf der gleichzeitigen Sichtbarkeit von realen und virtuellen (*virtual*) Objekten basieren, hat sich der Begriff Augmented Reality (AR) durchgesetzt (Azuma, 1997, Milgram, 1994). Ein AR System erfüllt nach Azuma (1997) folgende drei Kriterien:

1) Es kombiniert reale und virtuelle Elemente.
2) Es erlaubt Interaktion in Echtzeit.
3) Es ist in drei Dimensionen abgeglichen (*registered*).

AR Systeme in der Telerobotik verwenden häufig stereoskopische Bilder (z. B. Rastogi, 1996). Im Rahmen des hier beschriebenen Projektes kam deren Verwendung nicht in Frage, da nur wenige Benutzer des WWW über die notwendigen Stereobrillen verfügen. Zu den wenigen Beispielen von monoskopischen AR Benutzerschnittstellen für Handhabungsautomaten gehören die Entwürfe von Noyes (1984) und Kim & Stark (1989) .

3.3 Ökologischer Ansatz der visuellen Wahrnehmung

Die Gestaltung der grafischen Elemente, die den Bildern überlagert werden, bestimmt den Nutzen der hier zu entwerfenden Benutzerschnittstelle. Als Grundlage diente der ökologische Ansatz in der Wahrnehmungspsychologie (Gibson, 1979, Flach et al., 1995, Guski, 1989). Diese Theorie basiert auf abstrakten und nicht unmittelbar eingängigen Konzepten, bietet aber sehr hilfreiche Ansätze für den Entwurf von Benutzerschnittstellen.

Der ökologische Ansatz beschäftigt sich mit dem Wahrnehmen realer Gegenstände in der dreidimensionalen Welt. *Wahrnehmung* und *Handlung* sind eng miteinander verbunden. Die *Bewegung* der Augen, des Kopfes und des Körpers erleichtert die *direkte Wahrnehmung* von *Invarianzen* und *Affordanzen*. So nimmt ein Mensch beispielsweise bei einem aus dem Boden aufragenden Stab direkt wahr, ob er senkrecht steht und wie hoch er über den Boden herausragt. Dabei spielt es keine Rolle, wie weit dieser entfernt ist und ob der Beobachter den Kopf geneigt hält. Tatsächlich verstärkt sich der Eindruck dieser Invarianzen (Länge, Ausrichtung), wenn sich der Beobachter bewegt.

Affordanzen bezeichnen die Handlungsmöglichkeiten, die das Objekt bietet. Im Falle eines Stabes könnten das sein: bewegbar, biegbar, rollbar, werfbar. Wesentlich am ökologischen Ansatz ist, daß diese Affordanzen ebenfalls direkt wahrgenommen werden. Man kann einem Stock ansehen, ob er bewegbar ist. Direkte Wahrnehmung beinhaltet auch das erforschende Handeln, um Zweifelsfälle zu klären (Flach, 1995, S. 9). Zum Beispiel könnte ein Mensch versuchen, den Stock mit der Hand zu bewegen, um festzustellen, ob und wo er gegebenenfalls an anderen Gegenständen befestigt ist.

Beim Entwurf eines AR Systems geht es um die Gestaltung von virtuellen dreidimensionalen Objekten. Wenn diese so gestaltet sind, daß ihr Verhalten und ihre Affordanzen direkt wahrgenommen werden können, erspart das dem Bediener des Systems Denkaufwand (siehe Abschnitt 2.3, Anforderungen 1 bis 3). Folgender hoher Maßstab leitet sich aus dem ökologischen Ansatz ab: *"[The] challenge is to build an interface that can support direct perception. The implication is that a poor interface is one in which ambiguities can not be resolved by activity of the observer, where assumptions, computations, and inferences are required."* (Flach, 1995, S. 10)

3.4 Die Gestaltung der Benutzerschnittstelle

Ausgehend von den bisherigen Betrachtungen wurde die neue Benutzerschnittstelle "Usher" entwickelt. Sie ist als Applet in der Programmiersprache Java™ realisiert. Das Applet zeigt das zuletzt erhaltene Bild und überlagert es mit einer Strichfigur, dem weiter unten beschriebenen "Stabcursor".

Ausgehend von der ersten Anforderung (siehe Abschnitt 2.3) galt es, den Bediener von der Aufgabe der Koordinatenermittlung zu befreien. Der typische Rechner, der für den Zugang zum WWW verwendet wird, verfügt über eine Maus als Zeigegerät. Der Bediener könnte mit der Maus direkt im Bild auf die Stelle zeigen, zu der sich der Greifer bewegen soll. Hier stellt sich das Problem der Freiheitsgrade. Eine Maus hat nur zwei, der Roboter unterstützt fünf. Ein Punkt im Bild entspricht nicht einem Punkt im Raum, sondern dem Sehstrahl von der Kamera in die Bildtiefe. Als Alternative könnte ein virtueller Greifer gezeichnet werden, der an geeigneten Stellen gefaßt und geführt wird. Auch hier besteht das Problem, fünf verschiedene modi operandi zu unterscheiden.

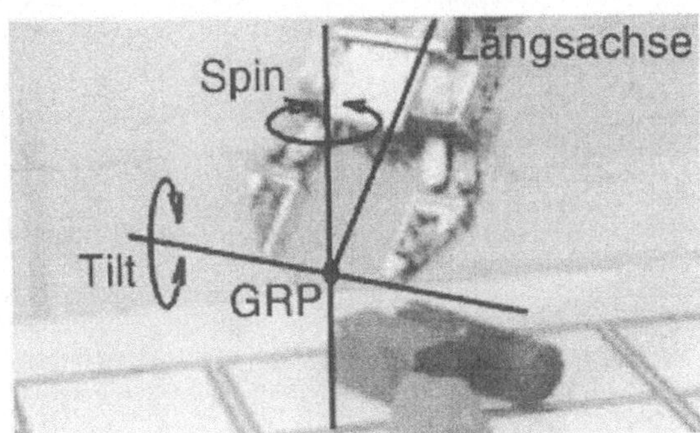

Abbildung 2: Drehachsen des Greifers um den Greiferreferenzpunkt (GRP).

Die zweite Anforderung führt zu der Auswahl geeigneter optischer Bezugsobjekte. Eine vertikale Bezugslinie von der Greiferspitze zum Grund des Arbeitsraumes (d. h. der Tischplatte) bietet einen direkten optischen Bezug zu der Textur der Grundfläche und damit zu den Objekten, die auf dieser Fläche liegen. Die Darstellung der Drehwinkel Spin und Tilt (Abbildung 2) erweist sich als schwieriger. Für Spin würde sich eine schattenähnliche Projektion der Greiferlängsachse eignen. Bei senkrecht stehendem Greifer würde diese aber zu einem Punkt verkürzt.

Die Lösung ergibt sich aus Abbildung 2. Der Bediener ist nicht nur an der Position des Greifers, sondern eher an dessen Affordanzen (siehe Abschnitt 2.3, dritte Anforderung) interessiert, also an der Wahrnehmung der Bewegungsmöglichkeiten des Greifers an der aktuellen Position. Die gegenwärtige Version der Steuerungssoftware unterstützt nur die beiden Freiheitsgrade Spin und Tilt, wobei Tilt auf +/- 45 Grad von der Senkrechten beschränkt ist. Die meisten Bediener erwarten ein anderes Drehverhalten. Abbildung 2 zeigt "auf einen Blick", wo die Drehachsen im Raum liegen. Der Bediener nimmt direkt wahr, daß sich der Greifer um eine vertikale und eine horizontale Achse, die jeweils durch den Greiferrefernzpunkt verlaufen, drehen kann, aber nicht um die Längsachse des Greifers.

Der nächste Schritt ist die Idee, die Bewegung des Greifers anhand dieser Achsen zu steuern. Der Bediener klickt beispielsweise mit der Maus auf die Tiltachse und dreht den Greifer mit der Maus um die Spinachse herum.

3.5 Der Stabcursor

Die Überlegungen resultieren im "Stabcursor" (Abbildung 3). Er ist das Kernstück der Benutzerschnittstelle Usher und bietet mehrere sich überlappende Funktionalitäten, die in ihrer Gesamtheit die Anforderungen an die Benutzerschnittstelle erfüllen.

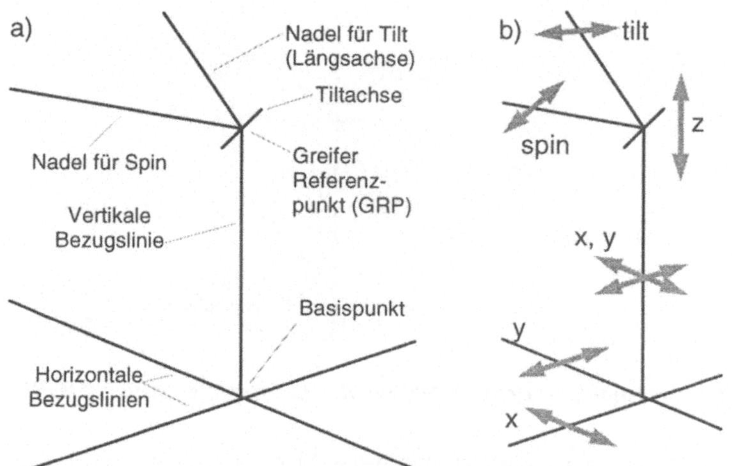

Abbildung 3: Der Stabcursor. a) Der Basispunkt liegt auf der Grundfläche des Arbeitsraumes direkt unterhalb der Spitze des Greifers (GRP). Die Nadel für die Tiltbewegung um die Tiltachse entspricht der Längsachse des Greifers. b) Die Pfeile symbolisieren die Affordanzen der einzelnen Elemente des Stabcursors. Beispielsweise können die Nadeln um den GRP gedreht werden.

Erstens bietet der Stabcursor optische Bezugslinien, um die Wahrnehmung der Greiferposition zu erleichtern. Abbildung 4a zeigt den Greifer mit dem überlagerten Stabcursor. Anhand der vertikalen Bezugslinie kann der Bediener erkennen, daß sich der Greifer vor dem dreieckigen Block befindet.

Zweitens bestimmt der Bediener mit dem Stabcursor durch ausschließliche Verwendung der Maus als Eingabemedium die nächste Position des Greifers. Der Bediener bewegt den Stabcursor in die gewünschte Lage, indem er die einzelnen Elemente verschiebt bzw. verdreht. Klickt er zum Beispiel auf die vertikale Bezugslinie und zieht den Mauszeiger über das Bild, so verschiebt sich der Stabcursor horizontal entlang der Grundfläche des Arbeitsraumes. Jedes Element des Stabcursors ist höchstens zwei Freiheitsgraden des Roboters zugeordnet (Abbildung 3b). Damit ist eine Zuordnung der beiden Freiheitsgrade der Maus zu den Freiheitsgraden des Roboters durch die Wahl des jeweiligen Stabcursorelements eindeutig bestimmt.

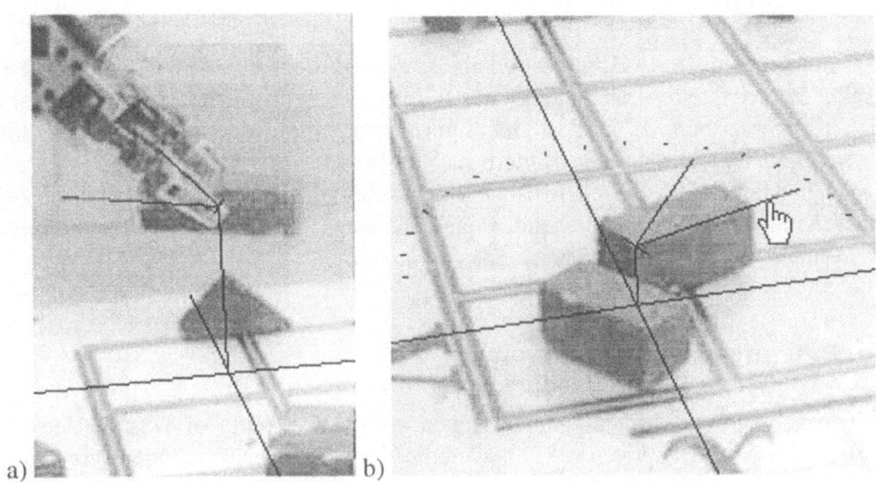

Abbildung 4: a) Der Stabcursor als optisches Hilfsmittel für die Wahrnehmung der Greiferposition. b) Der Stabcursor als Meßwerkzeug mit eingeblendetem Ziffernblatt.

Durch das Verschieben der Elemente des Stabcursors mit der Maus nimmt der Bediener die invariante räumliche Struktur (senkrechter Stab) direkt wahr. Der Stabcursor verhält sich wie ein physisch auf der Arbeitsfläche vorhandenes Stabgebilde, das mit der Fingerspitze verschoben wird. Die direkte Wahrnehumg wird nach (Zahorik & Jenison, 1998) erleichtert, wenn sich das virtuelle Objekt (hier der Stabcursor) beim Interagieren so verhält, wie es der Bediener von vergleichbaren physischen Objekten erwartet. Das dynamische Verhalten muß sich ähneln.

Die Bedeutung der direkten Wahrnehmung läßt sich an Abbildung 4b illustrieren. Hat der Betrachter schon mit dem Stabcursor gearbeitet, nimmt er direkt wahr, daß der lange Zeiger und die Skala in einer Ebene parallel zur Tischoberfläche liegen und daß der kurze Zeiger aus dieser Ebene schräg nach oben herausragt. Er sieht nicht nur zwei Striche, sondern die Affordanzen des Verdrehens. Für ihn ist klar, daß er mit dem Mauszeiger (stellvertretend für die Fingerspitze) die Nadeln verdrehen kann und nimmt direkt wahr, wie sie sich bewegen könnten. Dies setzt aber Wahrnehmungslernen und das Erfahren der Handlungsmöglichkeiten (Guski, 1989, S. 73) voraus.

Ein Betrachter, dem diese Erfahrungen fehlen, wird nur mit Mühe die räumliche Lage der Nadeln aus der Abbildung 4b entnehmen können.

In seiner dritten Funktion dient der Stabcursor als Meßwerkzeug. Die fünf Koordinatenwerte, die durch die Position des Stabcursors angezeigt bzw. definiert werden, werden in der Benutzerschnittstelle Usher laufend angezeigt. In Abbildung 4b wurde der Stabcursor beispielsweise so eingestellt, daß die Höhe des GRP und die Orientierung der Spinnadel der Lage und Orientierung des Blocks entsprechen.

3.6 Implementierungstechnik

Die Benutzerschnittstelle Usher wurde als Applet mit dem Java Development Kit 1.1 von Sun Microsystems erstellt und kann somit mit einem Großteil der heute marktüblichen Browser benutzt werden. Der Algorithmus zur positionsgenauen Darstellung der virtuellen Objekte auf den Bildern basiert auf affiner Projektion und wird zum Beispiel in (Jain, 1995) beschrieben. Affine Projektion läßt sich mathematisch sehr einfach handhaben und ausreichend schnell rechnen, um das dynamische Verhalten der virtuellen Objekte fließend erscheinen zu lassen.

4 Erfahrungen und Bewertung

Experimente, die von drei Studentengruppen an der University of Western Australia unternommen wurden (Friz, 1998), maßen die Zeit, die für den Bau eines vorgegebenen Gebildes benötigt wurde. Usher erlaubt, wie gefordert, eine schnelle Bedienung. Die gegenwärtige Implementation des Servers zeigt den unerwünschten Nebeneffekt, daß Greiferbewegungen langsamer ausgeführt werden (d. h. bis zu 40 Sekunden pro Greiferbewegung) als für die bisherige Schnittstelle. Damit war eine direkte Vergleichbarkeit der Gesamtzeiten für die Erledigung der Aufgabe nicht mehr gegeben. Es kam vor, daß der Roboter gegenüber dem Bediener um bis zu fünf Bewegungen im Rückstand war. Beim Erlernen der Bedienung von Usher zeigte sich eine große Vielfalt von Reaktionen, die von unmittelbarem Erfassen (wie nach dem ökologischen Ansatz zu erwarten) bis zu völliger Ablehnung ("zu neuartig") reichten. Es fehlen noch Untersuchungen, die den Lernvorgang detaillierter betrachten.

5 Zusammenfassung und Ausblick

Die hier vorgestellte Augmented Reality Benutzerschnittstelle Usher zeigt einige Möglichkeiten auf, die die Anwendung des ökologischen Ansatzes nach Gibson für den Entwurf von Mensch-Maschine Systemen bietet. Sie erlaubt eine präzise und schnelle visuelle Bedienung eines Handhabungsautomaten über das Internet. Usher unterstützt die direkte Wahrnehmung räumlicher Strukturen ohne die Verwendung von Stereoskopie.

Usher wird zur Zeit um Funktionen der interaktiven Objekterkennung erweitert, um dem Bediener eine größere Vielfalt von Affordanzen zu bieten. Es werden zunehmend mehr Funktionalitäten zum Bedienrechner hin verlagert, die hohe Anforderungen an das Zeitverhalten stellen. Direkte Wahrnehmung erfordert die unmittelbare Reaktion des Systems auf Bedienaktivitäten.

6 Literatur

AdKnowledge (1998): AdKnowledge Reports Microsoft Captures Nearly 10% of Netscape's Browser Market Share During First Half of 1998. Press Release. AdKnowledge, July 7, 1998. http://www.adknowledge.com/cgi-bin/show?News/980709.pr.browserstats.html

Azuma, R. T. (1997): A Survey of Augmented Reality. *Presence*, Vol. 6, No. 4, August 1997, S. 355-385

Flach, J., Hancock, P., Caird, J., Vicente, K. (1995): *Global Perspectives on the Ecology of Human-Machine Systems*. Vol. 1. Lawrence Erlbaum, Hillsdale, NJ

Flach, J., The Ecology of Human-Machine Systems: A Personal History. In: Flach et al. (1995) S. 1-13.

Friz, H. (1998): *Design of an Augmented Reality user interface for an Internet based telerobot using multiple monoscopic views*. Diplomarbeit. TU Clausthal. 1998.

Friz, H., Elzer, P., Dalton, B., Taylor, K. (1998): Augmented Reality in Internet Telerobotics Using Multiple Monoscopic Views. *Proc. of 1998 IEEE International Conference on Systems, Man and Cybernetics*. San Diego, CA, October 1998.

Gibson, J. J. (1979): *The ecological approach to visual perception*. Lawrence Erlbaum, Hillsdale, NJ., 1986

Goldberg, K., Mascha, M., Genter, S., Rothenberg, N., Sutter, C., Wiegley, J. (1995): Desktop Teleoperation via the World Wide Web. *Proc. IEEE International Conference on Robotics and Automation*. Nagoya, Japan, May 1995.

Guski, R. (1989): *Wahrnehmung. Eine Einführung in die Psychologie der menschlichen Informationsaufnahme*. Kohlhammer/Urban

Jain, R., Kasturi, R., Schunck, B. G. (1995): *Machine Vision*. McGraw-Hill, Singapore.

Kim, W. S., Stark, L. W. (1989): Cooperative control of visual displays for telemanipulation. *Proc. of 1989 IEEE Int. Conference on Robotics and Automation.*

Milgram, P. (1994): A Taxonomy of Mixed Reality Visual Displays. *IEICE Transactions on Information Systems*. Vol. E77-D, No 12, Dec. 1994.

Noyes, M. V. (1984): *Superposition of Graphics on Low Bit-Rate Video as an Aid to Teleoperation*. SM Thesis. MIT, Cambridge, MA, 1984. (lit. Sheridan (1992)).

Rastogi, A. (1996). *Design of an Interface for Teleoperation in Unstructured Environments using Augmented Reality Displays*. MASc Thesis, University of Toronto. http://vered.rose.toronto.edu/people/anu_dir/thesis/.

Sheridan, T. B. (1992): *Telerobotics, automation and human supervisory control*, MIT Press, Cambridge, Mass., USA.

Taylor, K., Dalton, B., Trevelyan, J. (1998): Web based Telerobotics. *Robotica*, Cambridge University Press, UK. (zur Veröffentlichung angenommen)

Taylor, K., Trevelyan, J. (1995): Australia's Telerobot on the Web. *Proceedings of the 26th International Symposium of Industrial Robotics*, Singapore, 1995.

Zahorik, P.; Jenison, R. L. (1998): Presence as Being-in-the-World. *Presence*, Vol. 7, No. 1, August 1997, S. 78-89.

PC-basierte Automatisierungstechnik – Anwendungsmöglichkeiten und Grenzen

Dipl.-Ing. Jan Bartels
Dipl.-Ing. (FH) Rainer Krumbach-Voß
ATR Industrie-Elektronik GmbH & Co. KG
Textilstraße 2
41751 Viersen

In den letzten Jahren hat die PC-Technik zunehmenden Einfluß auf die Automatisierungstechnik genommen. Während bisher PCs fast ausschließlich für "Bedienen und Beobachten" (Visualisierung) eingesetzt worden sind, dringen durch die Verbreitung von Feldbussystemen und IEC 1131-3-konformen Programmierumgebungen neben den klassischen Hardwaresteuerungssystemen auch PC-basierte Steuerungskonzepte auf den Markt.

Zu den neuen Konzepten gehören sowohl sogenannte Slot-SPSen, die als Einsteckkarten einen unabhängig vom Hauptprozessor laufenden Steuerungskern (Hardware und Software) enthalten, als auch Software-PLCs unter speziellen Echtzeitbetriebssystemen oder Standardbetriebssystemen wie Windows-NT auf Standard-PC-Hardware. Durch die Integration von Steuerungs- und Standardapplikationen eröffnen sich neue Möglichkeiten, da die Prozeßebene und die Produktionsplanungssysteme (PPS) näher zusammenrücken. Gleichzeitig lassen sich Internettechnologien z. B. für Fernwartung und -alarmierung nutzen.

1 Steuerungskonzepte

Die klassischen Steuerungen basieren auf einer (speziellen) Hardware mit einem Echtzeitbetriebssystem, das jedoch nicht direkt zugänglich ist. Der Prozeß wird über zentrale Ein- und Ausgabebausteine angebunden, die direkt an den Prozessor angeschlossen sind und daher ein eindeutiges Laufzeitverhalten ermöglichen. Im Gegensatz dazu fallen bei Ankopplung dezentraler E/A (Profibus DP, Interbus-S, CAN, etc.) Buslaufzeiten durch ein Netzwerkprotokoll an. Die Programmierumgebung sowie Visualisierungen werden über spezielle Programmierschnittstellen oder Netzwerke (Profibus FMS, SINEC H1, etc.) angeschlossen. Hardware-SPSen sind für rauhe Umgebungen konzipiert. Sie sind fehlersicher und hochverfügbar. Daneben bieten sie eine optimale Skalierbarkeit. Sofern redundante Systeme aufgebaut werden sollen, kommen sie ausschließlich in Frage.

Daneben gibt es Slot-SPSen, die eine Hardware-SPS im Formfaktor einer PC-Einsteckkarte sind. Vom PC nutzen sie im wesentlichen die Stromversorgung und das Gehäuse. Die Prozeß-E/A werden über einen Feldbus bedient, da im allgemeinen zentrale E/A als PC-Einsteckkarten nicht möglich oder verfügbar sind. Durch die direkte Verbindung an den Hauptprozessor des PC ersparen Slot-SPSen ein Zellennetzwerk zur Programmierung oder Visualisierung. Für die Kommunikation zwischen Standard-PC-Applikation und Steuerung sind lediglich geeignete Treiber notwendig. Die Steuerung ist vom Hauptprozessor komplett entkoppelt, d. h., daß auch ein Booten des PCs den Prozeß nicht beeinflußt.

Als weitere Variante existiert die nur in Software realisierte Steuerung, die unter einem PC-Betriebssystem (i. a. Windows-NT) läuft. Außer einer Feldbuskarte zur Anschaltung der E/A ist keine zusätzliche Hardware notwendig. Eine so erstellte Steuerungsapplikation ist direkt von den Eigenschaften des unterlagerten Standardbetriebssystems abhängig. Sie bietet die weitestreichende Integration der Steuerungstechnik in die PC-Welt.

Auf den ersten Blick scheinen diese Konzepte im wesentlichen die Hardwarebasis (dezidierte Steuerungshardware vs. Standard-PC) auszutauschen. Bei genauerer Untersuchung zeigen sich jedoch zahlreiche Unterschiede, die im Einzelfall berücksichtigt werden müssen. Sofern es sich um kleinere Steuerungsprojekte handelt, denen umfangreichere Visualisierungen gegenüberstehen oder deren Daten in Standardbüroapplikationen weiterverarbeitet werden sollen, bieten Soft-PLCs gegenüber einer getrennten Realisierung auf klassischer Steuerungshardware und Visualisierungsrechner deutliche Kostenvorteile. Heutige PCs mit Standardbetriebssystemen liegen auch bei rechenintensiven Anwendungen leistungsmäßig vorne, verlieren jedoch gegenüber der spezialisierten SPS-Hardware bei Bitverarbeitung und Echtzeitreaktivität. Slot-PLCs verbinden die wesentlichen Vorteile beider anderer Systeme.

Die Programmierung der verschiedenen Systeme erfolgt vor allem mit IEC 1131-3-konformen Programmierumgebungen, die in den letzten Jahren einen regelrechten Boom erlebt haben. Obwohl die Programmiersysteme von den jeweiligen SPS-Herstellern unter eigenem Namen vertrieben werden, handelt es sich im Prinzip nur um wenige unabhängige Basissysteme, die aus den Editoren, Compilern, Codegeneratoren und Laufzeitbibliotheken bestehen. Diese Systeme werden von Steuerungsherstellern lizenziert und speziell für ihre Steuerung angepaßt. Dadurch werden auch kleinere Hersteller in die Lage versetzt, mit überschaubarem Aufwand und Investitionen komplette Programmierumgebungen anbieten zu können. Insbesondere die SPSen kleinerer Hersteller erfüllen die Norm sehr gut, da die Marktführer wie Rockwell Automation (Allen-Bradley) oder Siemens aus Gründen der Kompatibilität zu ihren Vorgängersystemen in ihren Implementationen zum Teil deutlich vom Standard abweichen. Sofern ein Hersteller verschiedene Steuerungsarten unterstützt, lassen sich meistens alle Zielsysteme von derselben Programmierumgebung bearbeiten. In der Oberfläche kann die gewünschte Plattform ausgewählt werden. Die folgende Tabelle zeigt einen Überblick über die Programmiersysteme:

Basissystem	**Hersteller**	**Produkt**	**Zielsystem**
CoDeSys (Smart Software Solutions)	Bachmann		M1
	Beckhoff	TwinCAT	PC (WinNT) Feldbuscontroller
	ATR/IEP	CoDeIEP	VMEbus (RTOS-UH)
	DELTALOGIC	ACCON-ProSys	S5, S7
MULTIPROG wt (Klöpper & Wiege)	Phoenix Contact	PC WORX	Interbus-Controller
Soft Control (Softing)	Matsushita	NAisControl	FP
	Mitsubishi	MELSEC MEDOC	A, FX
	Selectron	Selecontrol	MAS 700
ISaGRAF (CJ International)	PEP	SMART I/O	(OS-9)
	OR Industrial Computers		
Step7 (Siemens)	Siemens	Step7 WinAC Pro WinAC Basis	S7-SPS S7-Slot-SPS S7-Soft-SPS (WinNT)
ControlLogix (Rockwell Automation)	Rockwell	RSLogix5	PLC5, Logix500 SoftLogix5
Wonderware		InControl	(WinNT)

Legende:
Hardware-SPS
Slot-SPS
Soft-SPS

2 Software-SPSen unter Windows-NT

Reine Software-SPSen bilden die Funktionalität einer Steuerung unter Windows-NT nach. Die Steuerungsoperationen werden dabei vom Hauptprozessor des PCs durchgeführt. Die meisten Systeme lassen ihren Kern als normalen NT-Prozeß laufen. Da hierzu keinerlei Modifikationen am Betriebssystem vorgenommen werden müssen, bietet eine solche Lösung einen guten Investitionsschutz, weil bei

Betriebssystemupdates keinerlei Kompatibilitätsprobleme zu erwarten sind. Die entwickelte Applikation kann ohne die Notwendigkeit eines gleichzeitigen Updates der Entwicklungs- bzw. Laufzeitumgebung sofort wieder eingesetzt werden. Nachteilig an einem solchen Konzept ist jedoch die fehlende Echtzeitfähigkeit.

Mit Hilfe einer einfachen SPS-Applikation, die lediglich einen Eingang ohne weitere Verarbeitung auf einen Ausgang kopiert, kann man den Einfluß anderer NT-Prozesse auf die Steuerungsapplikation beobachten, wenn man an den Eingang einen Taktgenerator anlegt. Beobachtet man den Ausgang mit einem Oszilloskop, kann man bei hoher Netzwerklast bereits feststellen, daß sich die Echtzeitreaktivität bis in den Bereich von 10 ms und mehr verschlechtert.

Im Gegensatz hierzu hat Beckhoff mit seiner Lösung TwinCAT eine von Microsoft autorisierte Echtzeiterweiterung für Windows-NT realisiert, die auch unter den eben beschriebenen Situationen keinerlei Abweichungen vom Zeitverhalten zeigt [2]. Inwieweit diese Lösung zu Problemen bei Betriebssystemupdates führt, wird die Zukunft zeigen.

Ein weiterer Aspekt ist die Binärkompatibilität von SPS-Programmen zwischen Soft- und Hardware-SPSen eines Herstellers. Siemens hat sich für eine binärkompatible Lösung entschieden, die es erlaubt, für die S7 geschriebene Programme ohne Modifikationen unter WinAC Basis, der Windows-NT-Soft-SPS, ablaufen zu lassen. Das bedeutet jedoch, daß der generierte MC7-Code vom PC interpretiert werden muß und damit zusätzlichen Laufzeitaufwand gegenüber direkt ausführbarem nativen Intel-x86-Code verursacht, wie er von den meisten Programmiersystemen erzeugt wird. Wenn man ein Programm zwischen der Soft-SPS und einer Hardware-SPS eines Herstellers austauschen will, muß dabei eine vollständige Neuübersetzung stattfinden, so daß der komplette Quellcode der Applikation vorliegen muß.

Einige Systeme lassen sich durch externe Libraries erweitern. Es werden dabei externe, z. B. in C++ geschriebene Funktionen aus dem SPS-Programm heraus aufgerufen. Der Aufruf dieser Funktionen unterscheidet sich dabei nicht von dem Aufruf von Einbaufunktionen oder selbstgeschriebener SPS-Bausteine. Mit diesem Mittel kann man die Leistungsfähigkeit einer Softwaresteuerung deutlich erhöhen.

Applikationen, bei denen Steuerungsdaten ohnehin auf einem PC weiterverarbeitet werden (z. B. in Standardprogrammen), können kostengünstig mit einer Soft-SPS realisiert werden, da in diesem Fall kaum zusätzliche Hardwarekosten entstehen. Lediglich eine Feldbuskarte muß für die Anbindung an den Prozeß sorgen. Hohe Ansprüche an die Echtzeitfähigkeit wie z. B. bei Motion Control darf die Anwendung jedoch nicht stellen.

Im Gegensatz zu hardwarebasierten Konzepten (inklusive Slot-SPSen) ist bei Software-SPSen zu berücksichtigen, daß das Hochlaufen nach einem Reset relativ lange dauert. Nach Konfigurationsänderungen oder Neuinstallation von Programmen muß der PC häufig gebootet werden, wobei auch die Steuerung zwangsläufig angehalten wird. Software-Steuerungen unterstützen jedoch oftmals keine remanenten Datenbereiche, in denen Prozeßdaten auch beim Abschalten oder Herunterfahren des Rechners erhalten bleiben, obwohl es für die Laufzeitsysteme relativ einfach wäre, die Datenbereiche beim Shutdown auf der Festplatte zu sichern und beim Wiederanlauf zu restaurieren. Der Prozeß muß sich daher bei solchen Vorgängen stets in einem bestimmten Zustand befinden, in dem der korrekte Wiederanlauf sichergestellt werden kann.

Mit dem Einzug von Standardbetriebssystemen kann auch die Steuerungstechnik von Viren befallen werden. Während bei Einsatz von Hardware-Steuerungen ein Virenbefall ausgeschlossen ist, sind Software-SPSen basierend auf speziellen Echtzeitbetriebssystemen wegen der vergleichsweise geringen Verbreitung geschützt. Im Fall von Windows-NT ist jedoch eine reale Gefahr gegeben.

3 Einfluß von Microsoft-Windows-Techniken

Die Integration der Steuerungstechnik in die Windows-NT-Umgebung erfolgt durch proprietäre Microsoft-Techniken (DDE, COM/DCOM, OLE, ODBC, etc.). Die Kommunikation zwischen Steuerung und Windows-Applikation geschieht im wesentlichen durch OCX- bzw. ActiveX-Objekte, die die Treiberfunktionalität entsprechend kapseln, so daß sie von allen Programmen genutzt werden können, die einen Container für diese Objekte bereitstellen. ActiveX-Objekte sind eigenständige Softwarekomponenten, die eine standardisierte Schnittstelle auf der Basis von COM/DCOM (Component Object Model/Distributed COM) besitzen. Sie können z. B. Daten austauschen oder sich selbst auf dem Bildschirm darstellen [3].

Spezielle Visualisierungsprogramme sind in einem solchen Umfeld für einfache Anwendungen nicht mehr nötig, weil bereits mit wenigen Zeilen "Visual Basic for Applications" (VBA) aus jeder Standardapplikation in Zusammenarbeit mit geeigneten ActiveX-Objekten eine Bedienungs- und Visualisierungsoberfläche geschaffen werden kann.

Solange OPC (OLE for Process Control) noch nicht in den Standardapplikationen allgemein unterstützt wird, realisieren die Steuerungshersteller die Anbindung über OCX- bzw. ActiveX-Objekte. Als besonders einfach erweist sich die von Siemens patentierte Technik S7DataControl, die noch nicht einmal VBA-Programmierung benötigt, um die Verbindung zwischen den Steuerungs- und den Applikationsdaten herzustellen. Vielmehr ermittelt das S7DataControl-Objekt selbständig alle datenfähigen OLE-Objekte der Applikation und kümmert sich um den Datenaustausch. Hierzu können die Properties der Objekte mit Prozeßvariablen durch Auswählen aus einer Liste verbunden werden. Diese Art der Projektierung erfordert daher keinerlei Programmierkenntnisse und ist sehr einfach und schnell durchzuführen.

Eine große Gefahr geht von dem Einsatz gemeinsamer Windows-Libraries (DLLs) aus. Diese "Dynamic Link Libraries" enthalten Programmcode, der von mehreren Programmen gemeinsam genutzt werden kann. Solche Bibliotheken werden jedoch nicht statisch zu den Programmen gelinkt, sondern erst zur Laufzeit dynamisch geladen und gebunden. Üblicherweise sind diese Bibliotheken im Windows-Verzeichnis installiert und werden bei Updates von Applikationen oftmals durch andere Versionen ersetzt. Die bei Updates kopierten Libraries sollten stets neuer und abwärtskompatibel sein, was in der Praxis jedoch nicht immer der Fall ist. Eine Installation oder ein Update eines Programms kann daher zu Problemen und Fehlern aufgrund von Versionskonflikten führen, wenn von dem Steuerungslaufzeitsystem benötigte Libraries verändert worden sind.

Gerade jedoch die Möglichkeit, auf dem PC zusätzlich zu der Steuerungsapplikation weitere Programme zu installieren und laufen zu lassen, ist ein Argument für den Einsatz einer Slot- oder Soft-SPS. Dabei muß jedoch beachtet werden, daß hierdurch die Steuerungsapplikation nachteilig beeinflußt oder sogar fehlerhaft werden kann. Auf das möglicherweise veränderte Zeitverhalten von Soft-SPSen wurde bereits hingewiesen.

Für den Hersteller der Steuerungsapplikation bedeutet dies, daß er die Funktionsfähigkeit nur in der von ihm getesteten Konfiguration garantieren kann. Im Hinblick auf Gewährleistung und Produkthaftung darf der PC somit nach der Inbetriebnahme weder hard- noch softwaremäßig verändert werden.

Die Zunahme des PC-Einflusses wirkt sich auch deutlich auf die notwendigen Kenntnisse von Projekteuren und Inbetriebnehmern aus. Während bisher im wesentlichen Spezialwissen über die eingesetzten Steuerungs- und Visualisierungssysteme ausreichend war, prägen heute Microsoft-Windows-Techniken die Automatisierungsumgebungen. Diese Standards scheinen zwar zunächst aus der Bürowelt vertraut, verursachen aber in der Praxis noch häufig Probleme, die ihre Wurzeln einerseits in mangelnden Kenntnissen seitens der Anwender, andererseits in unvollständigen oder nicht verfügbaren Implementierungen haben.

Während Mitarbeiter, die zuvor mit Prozeßrechnern gearbeitet haben, bereits theoretische Kenntnisse und praktische Erfahrungen im Umgang mit komplexen Betriebssystemen sowie Multitasking und Hochsprachenprogrammierung besitzen, fehlt Steuerungstechnikern im allgemeinen das notwendige Hintergrundwissen. Gerade jedoch die korrekte Administrierung des Betriebssystems Windows NT entscheidet unter Umständen über die korrekte Funktionsfähigkeit der Steuerung. Für die Firmen, die PC-basierte Steuerungskonzepte einsetzen wollen, entsteht hier ein großer Schulungsbedarf. Die erworbenen Kenntnisse müssen bei jedem Versionswechsel der Software aktualisiert werden.

4 Anforderungen an die PC-Technik im Investitionsgüterbereich

Der Einsatz handelsüblicher PC-Hardware für Steuerungszwecke scheint auf den ersten Blick einen deutlichen Preisvorteil gegenüber speziell für den industriellen Bereich entwickelter Hardware zu versprechen. In der Praxis beeinflußt dabei die Dynamik des PC-Marktes diese Bilanz negativ, sobald man statt des Anschaffungspreises die "Total Costs of Ownership" (TCO), also die Kosten über die gesamte Einsatzdauer, betrachtet.

Durch die schnellen Produktzyklen auf dem PC-Markt ergeben sich für die PC-basierten Systeme spezielle Probleme bei der Ersatzteilbeschaffung, wenn sie in der auf deutlich längere Zyklen eingestellten Investitionsgüterindustrie eingesetzt werden. Zur Zeit sind Ersatzteilliefergarantien von bis zu 10 Jahren durchaus üblich, jedoch in der PC-Technik nicht erreichbar. Oftmals sind PC-Karten nur über wenige Monate ohne Änderungen an Hard- und Software lieferbar. Bereits der Ersatz einer Grafikkarte im Zusammenhang mit einem Treiberupdate kann die Systemstabilität gefährden [4]. Bei einem PC-Einsatz für Steuerungszwecke muß daher in Zukunft ebenfalls mit schnelleren Hardware-Updatezyklen (z. B. bei Defekten) gerechnet werden, die auch umfangreiche Software-Anpassungen bis hin zur Neuerstellung größerer Teile nach sich ziehen können.

Die Hersteller von Industrie-PCs begegnen diesen Problemen durch eine scheinbar relativ konservative Auswahl von Komponenten, Chipsätzen und BIOS-Versionen. Durch Kauf und Lagerung entsprechend hoher Stückzahlen sind sie in der Lage, vergleichsweise lange Ersatzteilliefergarantien abgeben zu können. Hierdurch verteuert sich die Hardware jedoch bereits deutlich. Weiterhin erhöhen sich die Kosten z. B. durch EMV-Tests, 48-Stunden Burn-In-Tests bei 45 °C, etc, so daß sich ein Industrie-PCs leicht auf den dreifachen Preis eines "Discounter"-PCs beläuft. Gleichzeitig relativieren sich hierdurch auch die Preise anderer, nicht PC-basierter Hardware wie z. B. VMEbus-Rechner, die standardmäßig für einen industriellen Einsatz ausgerichtet sind.

In der Vergangenheit konnten diese Erfahrungen in ähnlicher Weise bereits bei Visualisierungs-PCs gesammelt werden. Auch hier gab es bei Ersatzbeschaffungen regelmäßig große Probleme im Softwarebereich. Es ist im Hinblick auf die Produktionsfähigkeit einer Maschine oder Anlage jedoch ein Unterschied, ob es sich lediglich um den Ausfall einer PC-Visualisierung oder einer PC-basierten Steuerung selbst handelt. Diesen Aspekten gebührt daher in Zukunft eine wesentlich höhere Bedeutung.

5 Fazit

Die in der letzten Zeit verstärkt auf dem Markt erscheinenden neuen Steuerungskonzepte auf PC-Basis müssen vor einem Einsatz sorgfältig auf ihre spezifischen Eigenschaften untersucht werden. Insbesondere die Software-SPSen stellen mitnichten eine Ablösung der bisherigen dezidierten Hardwaresteuerung dar, sondern erschließen neue Einsatzfelder bzw. ermöglichen für einige unkritische Anwendungen eine preisgünstigere Alternative. Als Kompromiß zwischen beiden Formen bieten sich die Slot-SPSen an, die eine unabhängige Hardwaresteuerung innerhalb eines PCs realisieren. Sie profitieren preislich von der gemeinsamen Nutzung von Hardwarekomponenten wie Stromversorgung sowie Gehäuse und bieten ebenfalls eine einfache Integration der Prozeßdaten in die Welt der Windows-Standardapplikationen.

Der Einsatz von PCs in der Steuerungstechnik bedeutet für den Projekteur und Inbetriebnehmer eine intensive Auseinandersetzung mit PC-Techniken, die er bisher lediglich als Werkzeug "am Rande" wahrgenommen hat. Insbesondere bei Software-SPSen sind umfangreiche Kenntnisse der Windows-NT-Administrierung und -Konfigurierung notwendig, die heute noch kaum vorhanden sind.

Für einen Einsatz im Investitionsgüterumfeld werden an die PCs deutlich andere Anforderungen gestellt als an Büro-PCs. In der Praxis wirkt sich dies durch vergleichsweise konservative und teuere Hardware aus. Die Betrachtung der TCO statt der reinen Investionskonsten ergeben ein deutlich anderes Bild, bei der die Hardwarepreise nur einen Bruchteil ausmachen, da die Wartung des Systems durch Hard- und Softwareupgrades große Kosten verursacht.

Der Einsatz von Soft-SPSen unter Windows-NT erfordert auch vom Steuerungsbetreiber ein besonderes Bewußtsein. Die oft propagierte Offenheit des PCs ermöglicht zwar eine Erweiterung der Hard- und Software, kann jedoch in der Praxis zu großen Problemen bei der installierten Steuerungsapplikation führen.

Sofern PC-basierte Automatisierungslösungen gewünscht sind, bieten gegenwärtig Slot-SPSen häufig noch deutliche Vorteile gegenüber reinen Softwarelösungen. Die vergleichsweise hohe Unabhängigkeit vom PC selbst bei dennoch einfacher Integration in die Welt des Standardbetriebssystems Windows NT verspricht eine kostengünstige Alternative zu herkömmlichen Hardware-PLCs zu sein. Unter dem zukünftigen Einfluß von Windows CE muß die Frage nach der Realisierbarkeit kritischer Anwendungen mit einer Soft-SPS erneut untersucht werden. Die Eignung reiner Softwarelösungen als Steuerung unter Echtzeitbetriebssystemen steht außer Frage.

Literaturverzeichnis

[1] R. Stachelhaus, M. Thielkes, B. Scherff: Experimentelle Span- und Faserplattenherstellung - Effektive Bedienung einer neuen Laborpresse durch PC-basierendes Steuerungssystem; in: Holz- und Kunststoffverarbeitung 11/96

[2] J. Wollert: Zeitweise - Windows NT und die Echtzeit; in: Elrad 4/97

[3] D. Chappell: OLE und ActiveX verstehen; Microsoft Press Unterschleißheim 1997

[4] H. Rzehak: Standardbetriebssysteme für zeitkritische Anwendungen; in: P. Holleczek (Hrsg.): PEARL 97 - Workshop über Realzeitsysteme, S. 1-9 Springer Berlin, Heidelberg 1997

[5] http://www.realtime-info.be/encyc/magazine/97q2/winntasrtos.htm

Prozeßrechner in einer sicherheitsrelevanten Umgebung

Stefan Roese
esd GmbH
Vahrenwalder Str. 207
D-30167 Hannover

Ole Sörensen
THEATERTECHNISCHE SYSTEME GMBH
Siemensstr. 16-18
D-28857 Syke

Reinhard Arlt
esd GmbH
Vahrenwalder Str. 207
D-30165 Hannover

1 Einleitung

Die in diesem Beitrag dargestellte Anwendung beschreibt ein über Feldbusse gekoppeltes Prozeßrechnersystem zur Steuerung elektrischer Antriebe im Bühnenbereich von Theatern. Dies sind zum Beispiel die Antriebe, mit denen die Züge über der Bühne bewegt werden, wie dies in Bild 1 dargestellt ist. Da sich unter den Zügen und den daran hängenden Lasten die Bühnenarbeiter und Schauspieler aufhalten müssen, können diese durch eine Fehlfunktion des Rechnersystems oder der Antriebe gefährdet werden. Es sind also Maßnahmen zu ergreifen, die diese Gefährdung weitestgehend ausschließen. Es sind also Schutzeinrichtungen vorzusehen. In der hier beschriebenen Anlage sind dies unter anderem in das Rechnersystem integrierte Sicherheitsfunktionen.

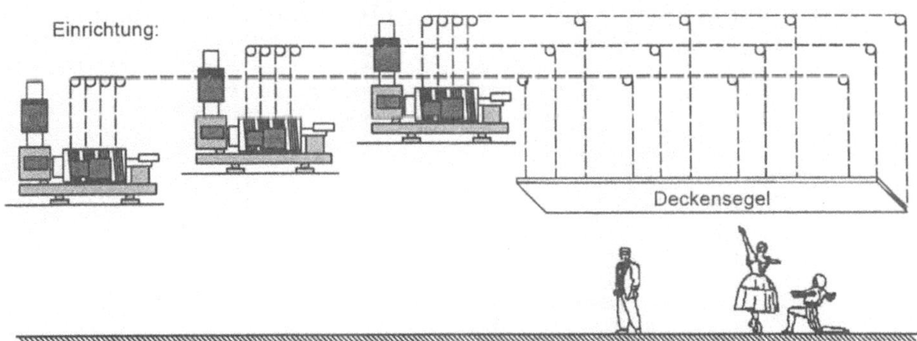

(Bild 1.) Antrieb der Prospektzüge

Die verwendete Hardware hat die in Bild 2 dargestellte Struktur. Die Befehle, Antriebe zu verfahren, gehen immer von dem oder den Eingaberechner(n) und daran angeschlossenen Fahrhebeln oder Tastern aus. Diese Eingaberechner sind in der Regel PC's. Die Daten der auszuführenden Aktion werden über den CAN-Bus an den als Doppelrechner ausgeführten Leitrechner weitergegeben. Zusätzlich wird immer ein Freigabesignal von den Fahrhebeln oder Tastern direkt zum Leitrechner geführt. Die Fahrbefehle werden über einen Feldbus an die Achsrechner weitergeleitet. Die ebenfalls als Doppelrechner ausgeführten Achsrechner erhalten zusätzlich separate Freigabesignale vom Leitrechner und melden ihren Status über den Feldbus und direkte Verbindungen an den Leitrechner.

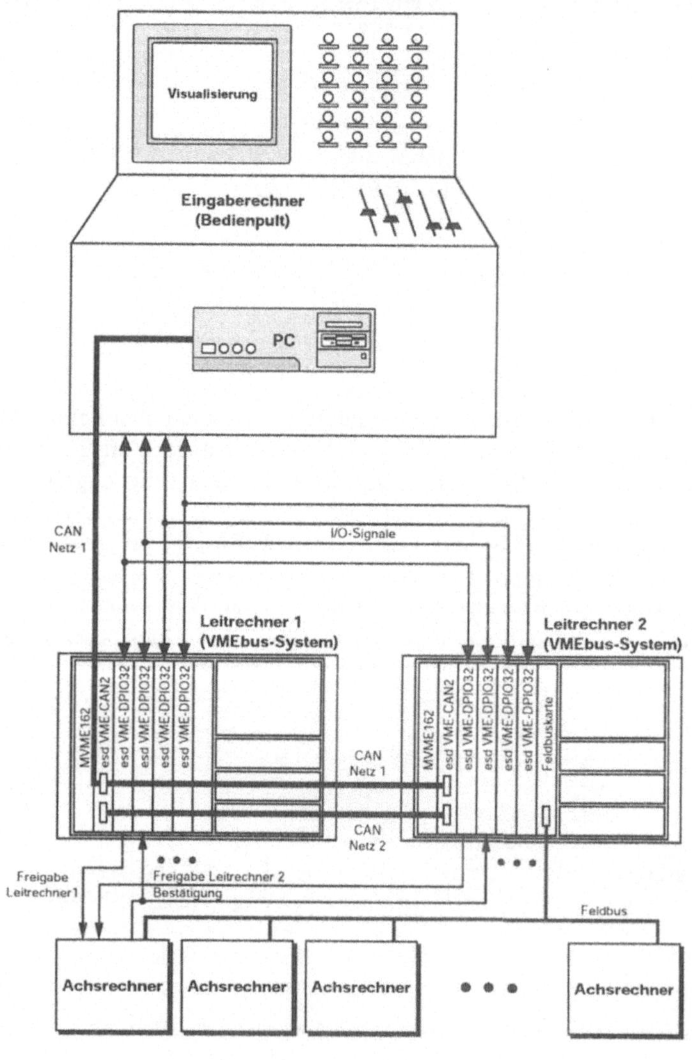

(Bild 2.) Bockschaltbild des Rechnersystems

2 Anforderungen an die Sicherungseinrichtungen

Als Techniker sollte einem klar sein, daß man die von einer Anlage ausgehende Gefahr in der Regel nicht völlig beseitigen kann, sondern sie nur auf ein akzeptables Restrisiko verringern kann. Dies hat durch elektrische, mechanische und organisatorische Maßnahmen zu geschehen, wie dies in Bild 3 dargestellt ist. Das Risiko, das vom Betrieb der Anlage ohne Schutzeinrichtungen ausgeht, wird durch verschiedene Maßnahmen auf ein vertretbares Risiko reduziert.

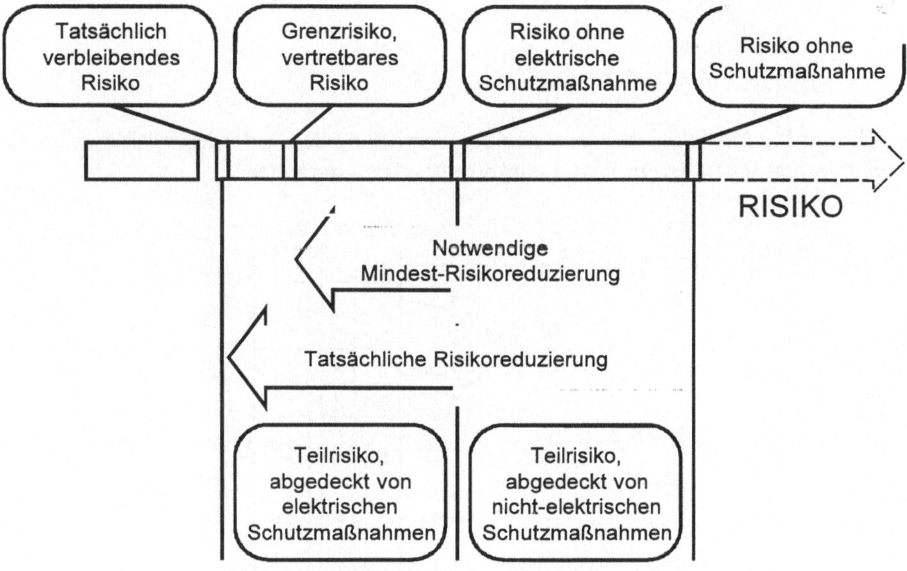

(Bild 3.) Risikoreduzierung durch verschiedene Maßnahmen

Um die Anforderungen an ein Schutzsystem zu ermitteln, beschreibt DIN 19250 folgendes Verfahren: Zunächst wird das von einer bestimmten Fehlfunktion ausgehende Schadenausmaß S ermittelt. Man unterscheidet:

- S1: Leichte Verletzungen;
- S2: schwere irreversible Verletzungen von einer oder mehreren Personen oder den Tod einer Person;
- S3: Tod mehrerer Personen;
- S4: katastrophale Auswirkungen, sehr viele Tote.

Dann wird mit dem Parameter A bestimmt, wie häufig sich Personen im Gefahrenbereich der Anlage aufhalten. Man unterscheidet:

- A1: seltener bis öfterer Aufenthalt;
- A2: häufiger bis dauernder Aufenthalt.

Weiter ist zu prüfen, ob eine Abwehr der Gefahr möglich ist. Man unterscheidet die Klassen:

G1: Gefahrenabwehr unter bestimmten Bedingungen möglich;
G2: Gefahrenabwehr kaum möglich.

Der letzte Parameter berücksichtigt die Wahrscheinlichkeit des unerwünschten Ereignisses (W). Die Wahrscheinlichkeit kann:

W1: sehr gering;
W2: gering;
W3: relativ hoch sein.

Mit diesen Parametern geht man dann zur Ermittlung der Anforderungsklasse an die Schutzeinrichtung in den in Bild 4 dargestellten Risikographen.

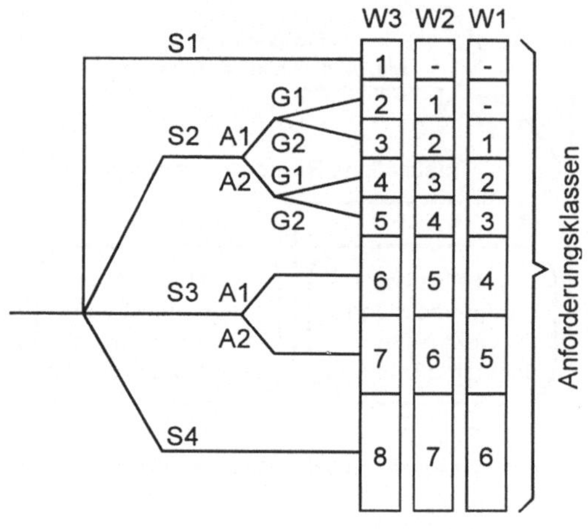

(Bild 4) Risikograph

Wie zu erkennen ist, werden abhängig vom Schadenausmaß S die Parameter A und G nicht benötigt.

Zur Beurteilung der Anforderung an die Sicherheitseinrichtung wurde nun dieser Graph auf die verschiedenen Einsatzfälle der hier vorgestellten Anlage angewandt. Dazu wurde z.B. der Fall betrachtet, daß ein Deckensegel, das an drei Zügen aufgehängt ist, synchron verfahren werden muß (Bild 1). Dabei muß die u.a. vom Rechnersystem realisierte Schutzeinrichtung dafür sorgen, daß bei zu großen Gleichlauftoleranzen zwischen den drei Antrieben diese abgeschaltet werden, da es sonst zu einer Zerstörung des Deckensegels kommen kann und dann Teile auf die Bühne herabstürzen können. Da dies zum Tod von mehreren Personen führen kann, ist das Schadenausmaß mit S=S3 anzusetzen. Da sich häufig Personen auf der Bühne aufhalten, ist für den Parameter A A2 zu setzen. Wenn für das Schadenausmaß S3 angenommen werden muß, braucht die

Möglichkeit der Gefahrenabwehr nicht mehr untersucht zu werden. Da die Eintrittswahrscheinlichkeit eines derartigen Ereignisses sehr gering ist, kann für W W1 gesetzt werden.

Damit ergibt sich aus den Risikoparametern S3, A2 und W1 die Anforderungsklasse 5 an die Schutzeinrichtung und damit an das Rechnersystem.

Um den Bedingungen der Anforderungsklasse 5 an die Schutzeinrichtung, die teilweise vom Leitrechner gebildet wird, zu erfüllen, werden an diesen neben vielen anderen die folgende Anforderungen gestellt:

- Für das verwendete Betriebssystem muß die Betriebsbewährtheit nachgewiesen werden,
- Es muß ein Selbsttest der CPU durchgeführt werden,
- Der Rechner muß bei Unterspannung durch einen testbaren Spannungswächter zurückgesetzt werden.

Da für die verwendete CPU-Karte MVME162 kein Selbsttest verfügbar war, der sich in die Anlaufphase des Systems integrieren läßt, wurde dieser neu erstellt. Er dauert etwa 10 Minuten. Den Löwenanteil davon braucht der Speichertest.

Die auf der CPU-Karte verwendete Reset Schaltung kann nicht im Selbsttest geprüft werden, ob sie die CPU bei der vorgegebenen Unterspannungsgrenze abschaltet. Daher mußte eine VME-Karte entwickelt werden, die einen testbaren Spannungswächter enthält. Dies ist so realisiert, daß auf die Sense Eingang eines Spannungswächter-IC's zeitweise statt der Betriebsspannung der Ausgang eines Digital-Analog-Wandlers geschaltet werden kann. Eine Operation des Selbsttests ist dann, hier eine immer niedrigere Spannung einzustellen, und zu registrieren, bei welcher Spannung ein Reset für den Rechner ausgelöst wird.

Als Betriebssystem sollte RTOS-UH verwendet werden. Dafür mußte die Betriebsbewährtheit nach DIN VDE 801/A1 nachgewiesen werden. Dieser Nachweis wurde für die bei esd unter der Bezeichnung SYS74G1 geführte Version erbracht. Dazu wurden 18 Anwendungen, die dieses System verwenden, untersucht. Sie liefen und laufen zum allergrößten Teil heute noch auf 972 CPU's und haben zum Zeitpunkt der Erhebung 9,056 Millionen fehlerfreie Betriebsstunden absolviert. Um die anwendbare Basis zu erhöhen, wurden einige Systeme mit einbezogen, die auf RTOS-Kernen der Versionen 7.4-D basieren. Dazu mußten die Änderungen und ihre Auswirkungen auf das System genau beschrieben werden.

3 Datenfluß des Gesamtsystems

Der Leitrechner dient als zentraler Datenvermittlungs- und Überwachungsrechner. Der Leitrechner hat zwei sicherheitsrelevante Aufgaben zu erfüllen. Zum einen muß er als Schutzsystem und Teil der Abschaltwege Überwachungsfunktionen innerhalb einer bestimmten Zykluszeit durchführen. Zum anderen kontrolliert er die Eingabeaktionen der Bedienpulte.

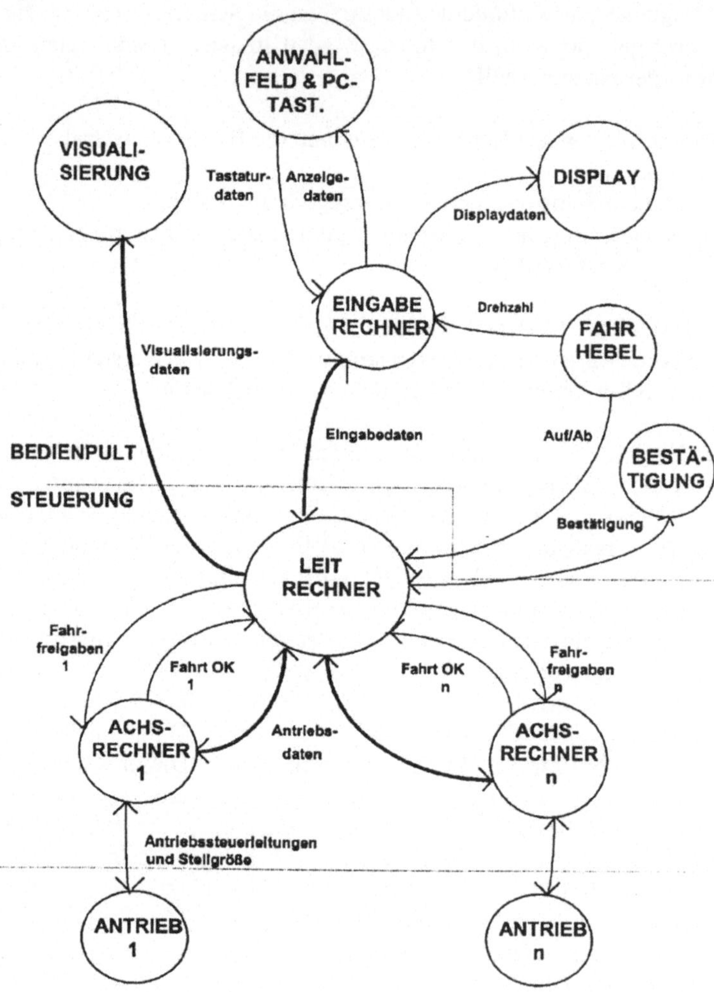

(Bild 5) Datenfluß Gesamtsystem

In Bild 5 ist der Datenfluß des Gesamtsystems dargestellt. Hierbei stellen die „dünnen“ Verbindungen die digitalen Signalleitungen und die „dicken“ Verbindungen die Feldbusse dar. Auf dem Feldbus zum Eingaberechner bzw. zur Visualisierung (als CAN-Bus ausgeführt) werden die Eingabedaten und die Istdaten der Achsen und der Fahrgruppen übertragen. Der Feldbus zu den Achsrechnern dient zur Übertragung der Steuerdaten an die Achsen und der Statusdaten von den Achsen.

Die Konfiguration der Anlage geschieht über zwei Textdateien, die sich in einer FLASH-Disk der beiden Leitrechner befinden. Eine der Dateien beschreibt die Gesamtanlage (Anzahl der Achsen, Anzahl der Fahrgruppen, etc.) und die leitrechnerspezifischen Daten (Signalverteilung an den digitalen I/O-Karten etc.). Die andere Datei konfiguriert alle Achsrechner (Endlagen, maximale Geschwindigkeiten, etc.). Eine Checksumme über die gesamte FLASH-Disk und das Vergleichen der Daten zwischen den beiden Leitrechnern gewährleistet die Korrektheit der eingelesenen Daten.

4 Softwarestruktur des Leitrechners

Als Betriebssystem kam die Version 7.4G1 des RTOS-UH zur Verwendung, da für diese Version die Betriebsbewährtheit vorliegt (s.o.). Somit konnte nicht mit PEARL90 programmiert werden, sondern „lediglich" mit PEARL80. Das Programm besteht aus einer Quelldatei, aus der, durch bedingte Kompilierung, die beiden Objektdateien der Leitrechner erzeugt werden. Dadurch ist gewährleistet, daß strukturelle Änderungen in beiden Leitrechnern gleichzeitig durchgeführt werden.

Die Leitrechnersoftware besteht aus folgenden drei Tasks:

Bedien: Die Bedienungstask kommuniziert mit dem Eingaberechner. Sie erhält alle Kommandos zur Konfiguration bzw. zum Verfahren der Achsen und steuert entsprechend die Achsrechner über den Feldbus (nur Leitrechner 2) und die digitalen Schaltwege (beide Leitrechner). Um eine gegenseitige Laufzeitkontrolle der beiden Leitrechner zu ermöglichen, tauschen beide Rechner ihre Daten über den lokalen CAN-Bus aus.

Ueber: Die Überwachungstask überprüft die Achsrechner zyklisch während des Betriebs. Leitrechner 1 hat die Aufgabe, die digitalen Signale der Achsrechner zu testen. Hier ist die Überwachungstask zeitlich eingeplant. Bei Leitrechner 2 wird die Task durch einen Interrupt des Feldbusses aktiviert. Dieser Leitrechner hat die Aufgabe, zusätzlich zu den digitalen Signalen den Betriebsstatus, der über den Feldbus übertragen wurde, auszuwerten und mit den eigenen Werten zu Vergleichen. Im Fehlerfall müssen beide Leitrechner die entsprechenden Achsrechner anhalten bzw. abschalten.

Check_ueber: Diese Task überprüft, ob die beiden anderen Tasks in bestimmten Zeitabständen aktiviert werden. Falls dies nicht der Fall ist, so werden alle Achsen in den sicheren Zustand gebracht (angehalten) und alle Tasks beendet.

5 Inbetriebnahme

Nachdem die Gesamtanlage ihre erste Bewährungsprobe im Sommer 1997 auf der ShowTech in Berlin erfolgreich bestanden hat, werden zur Zeit zwei neue Anlagen aufgebaut. Hierbei handelt es sich zum einen um das Musical „Jekyll and Hyde“ in Bremen welches am 19. Februar 1999 mit Vorstellungen beginnt. Das zweite Projekt ist die Weimarhalle in Weimar. Weitere Anlagen sind in verschiedenen Stadien der Projektdurchführung.

6 Literaturverzeichnis

/1/ DIN V 19250: Grundlegende Sicherheitsbetrachtungen für MSR-Schutzeinrichtungen, Beuth-Verlag, Berlin, 1994

/2/ DIN V 19251: MSR-Schutzeinrichtungen; Anforderungen und Maßnahmen zur gesicherten Funktion, Beuth-Verlag, Berlin, 1995

/3/ DIN V VDE 0801/A1: Grundsätze für Rechner in Systemen mit Sicherheitsaufgaben, Beuth-Verlag, Berlin, 1994

/4/ Handbuch: CPU-Test für MVME162, esd gmbh, Hannover, 1998

/5/ Dokumentation: RTOS-UH, Echtzeit-Betriebssystem, Betriebsbewährtheit nach DIN VDE 801/A1, esd gmbh, Hannover, 1998

Objekt-basierte Simulation und Implementation der Regelung eines chemischen Prozesses mittels SPS nach IEC 1131

R. Neimeier[1], G. Thiele[1], G. Schulz-Ekloff[2], T. Vielhaben[2], and B. Höpfner[1]

[1] Universität Bremen, Institut für Automatisierungstechnik,
Kufsteinerstr. / NW I, D-28359 Bremen
a02j@zfn.uni-bremen.de

[2] Universität Bremen, Institut für Angewandte und Physikalische Chemie,
Leobenerstr. / NW II, D-28359 Bremen

Zusammenfassung Die Verifizierbarkeit von Realzeit-Software gewinnt in der chemischen Industrie u. a. in dem Maße an Bedeutung, wie erhöhte Forderungen an Umsatz und Selektivität dazu führen, daß überprüft wird, ob bisher pragmatisch vermiedene Betriebszustände beherrschbar sind. Ist dies regelungstechnisch der Fall, müssen zusätzlich natürlich erhöhte Anforderungen an die Zuverlässigkeit des Automatisierungssystems gestellt werden, was in immer höherem Maße die Software gegenüber der Hardware betrifft.
Eine entscheidende Möglichkeit, die Software zuverlässiger zu machen, ist die Verbesserung von deren Verifizierbarkeit durch Erhöhung der Transparenz, z. B. durch Ersetzen der Programmierung durch Konfigurierung, wie dies die Funktionsblock-Diagramm-Sprache (FBD) für speicherprogrammierbare Steuerungen (SPS) nach dem Standard IEC 1131-3 in Objekt-basierter Weise erlaubt. Wegweisend ist auch die Möglichkeit, das im Standard IEC 1131-3 vorgesehene Tasking-Modell in Anlehnung an PEARL 90 in problemorientierte Syntax umsetzen zu können. Dies führt auch beim Anwender vor Ort zu einer größeren Akzeptanz.
In diesem Beitrag wird die Anwendung dieser Möglichkeiten auf die Führungsregelung eines chemischen Reaktors mittels Fuzzy-Regler vorgeschlagen. Ein zukünftiges Ziel, das im Rahmen eines interdisziplinären Forschungsvorhabens in Zusammenarbeit der Fachbereiche Elektrotechnik (Automatisierungstechnik) und Chemie (Technische Chemie) verfolgt wird, ist die Objekt-basierte Integration von Fehlertoleranz-Konzepten im Sinne einer vertretbaren Leistungsminderung der Regelung (*graceful degradation*).

1 Einleitung und Problemstellung

Die Forderung nach Überprüfbarkeit der Korrektheit der Realzeit-Software sicherheitsrelevanter eingebetteter Automatisierungskomponenten tritt in neuester Zeit wieder verstärkt in den Vordergrund [1, 2, 3]. Sie stößt allerdings bei einer programmierten Ausprägung der Software sehr schnell an Grenzen, selbst wenn problemorientierte Hochsprachen verwendet werden. Dies erschwert den Zugang zu modernen Automatisierungsverfahren insbesondere dann, wenn, z. B. in chemischen Prozessen zum Zwecke erhöhten Umsatzes, Betriebszustände interessant werden, die in konventionellen Anlagen pragmatisch vermieden werden, automatisierungstechnisch jedoch beherrschbar sind.

Ein erster signifikanter Schritt im Hinblick auf die Forderung nach Überprüfbarkeit der Korrektheit der Realzeit-Software ist es, die Programmierung durch Objekt-basierte Konfigurierung i. S. der Funktionsblockdiagramm-Sprache nach dem SPS-Standard IEC 1131-3 [4, 5] zu ersetzen. Die Bedeutung der Forschungsarbeiten hierzu seit Beginn der 90er Jahre [6, 7, 8, 9, 10, 11] wird durch ihren Eingang in entsprechende aktuelle Angebote der Industrie [12] belegt.

Ein zweiter bedeutungsvoller Schritt ist die Verwendung einer problemorientierten und genormten Realzeit-Schnittstelle, wie sie z. B. von PEARL 90 [13, 14] zur Verfügung gestellt wird und wodurch das Multitasking transparent gemacht und dessen Akzeptanz insbesondere auch durch die Fachexperten ermöglicht wird.

Dritter Schritt zur Nachprüfbarkeit der Korrektheit der Software ist die Wahl einer Regelung, deren Funktion an Hand des Wissens der Fachexperten simulativ direkt nachvollziehbar ist, insbesondere die Fuzzy-Regelung, und ein vierter Beitrag ist die Konfiguration der Regelungssoftware in der Weise, daß die Simulationssoftware in die reale Regelung „fast ohne Änderung“ übernommen werden kann.

Diese Vorgehensweise ist darüber hinaus von besonderer Bedeutung, da sie auch eine transparente und überprüfbare Integration von Software-Fehlertoleranz, z. B. gegenüber Sensor-Ausfall und temporäre Rechnerüberlast durch besondere Ausprägung der einzelnen Funktionsblöcke ermöglicht [15, 16]. Am Beispiel eines Durchfluß-Rührkesselreaktors [17, 18, 19] wird die beschriebene Vorgehensweise zur Erstellung überprüfbar korrekter Realzeit-Software gezeigt und ein Ausblick auf die problemorientierte Integration von Fehlertoleranz-Komponenten gegeben.

2 Chemischer Prozeß

2.1 Modellbildung

Als Modell für einen Chemischen Prozeß wird der durch Eisen(III)-Ionen (Fe^{3+}-Ionen) katalysierte Zerfall von Wasserstoffperoxid (H_2O_2) verwendet. Bei der Reaktion (1) entstehen Wasser (H_2O) und Sauerstoff (O_2).

$$H_2O_2 \xrightarrow{Fe^{3+}} H_2O + \frac{1}{2}O_2 \uparrow \tag{1}$$

Die Reaktion wird in einem gekühlten Durchfluß-Rührkesselreaktor (CSTR[1]) durchgeführt (Abb. 1). Dabei werden das Edukt und der Katalysator kontinuierlich in den Reaktor gepumpt und gleichmäßig durchmischt. Das entstehende

[1] **C**ontinuous **S**tirred **T**ank **R**eactor

Wasser verläßt den Reaktor über einen Überlauf, wodurch ein konstantes Reaktorvolumen erzwungen wird. Der Sauerstoff entweicht durch einen Schornstein aus dem Reaktor. Da die Reaktion stark exotherm ist, muß der Reaktor ständig gekühlt werden. Die Temperatur T_c des Kühlwassers und die Zulaufkonzentration c_0 des Eduktes werden als Stellgrößen verwendet [19].

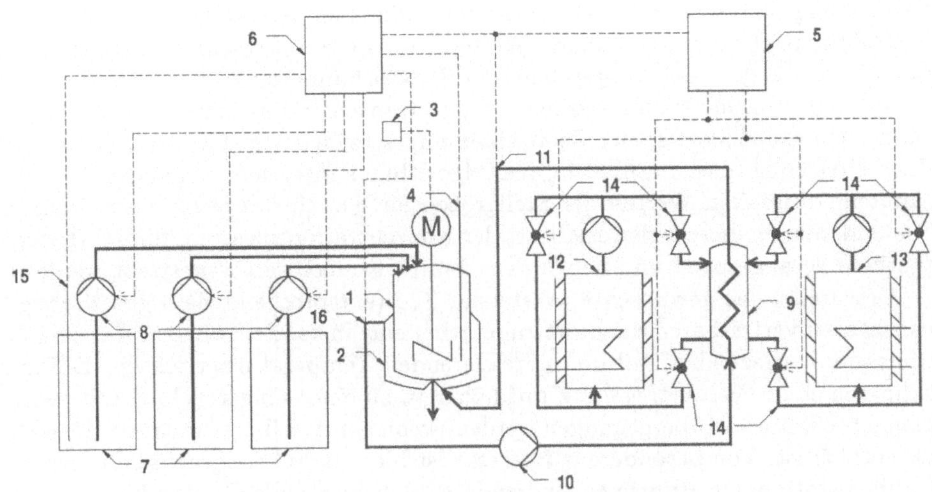

Abbildung1. Reaktor-Wirkschaltbild

Das Zustandsmodell für den Reaktor ergibt sich aus den Bilanzgleichungen für die H_2O_2-Konzentration (Stoffbilanz (2)) und den Wärmefluß (Wärmebilanz (3)) im Reaktor. Dafür werden Zulauf, Ablauf und die Änderung der Konzentration bzw. Wärme durch die Reaktion bilanziert. Im Falle der Wärmebilanz ist zusätzlich noch der Wärmeaustausch über den Kühlmantel berücksichtigt.

Stoffbilanz

$$V\frac{dc}{dt} = q \cdot (c_0 - c) - V \cdot r(c,T) \tag{2}$$

Wärmebilanz

$$V\cdot(\rho\cdot c_p)\frac{dT}{dt} = q\cdot(\rho\cdot c_p)(T_0-T)+h_W\cdot A_W\cdot(T_c-T)+(-\Delta_R H)\cdot V\cdot r(c,T) \tag{3}$$

Die Geschwindigkeit der Reaktion $r(c,T)$ verläuft nach einem Geschwindigkeitsgesetz 1. Ordnung, d. h. sie ist linear von der Konzentration c des H_2O_2 in der Reaktionslösung und einer temperaturabhängigen Reaktionsgeschwindigkeitskonstante k, wie in (4) angegeben, abhängig.

Reaktionsgeschwindigkeit

$$r(c,T) = c \cdot k = c \cdot k_0 \cdot \frac{[Fe^{3+}]}{[H^+] + 0.01} \cdot \exp^{-\frac{E_A}{R\cdot T}} \tag{4}$$

Da der Reaktor oben offen ist, muß die Wärmebilanz (3) noch um einen weiteren Term zur Berücksichtigung der Verdampfungswärme erweitert werden [17].

2.2 Regelungsziel

Das Regelungsziel ist eine Erhöhung des Umsatzes unter Berücksichtigung der Vermeidung von Sekundärreaktionen. Im Falle einer Festwertregelung („Strich fahren") müssen hierzu stationäre Wertepaare von Temperatur und Konzentration als Führungsgrößen vorgegeben und Reaktortemperatur und -konzentration als Regelgrößen verwendet werden. Da die Konzentration online nicht meßbar ist, muß hierzu ein geeigneter Beobachter eingesetzt werden [17], der z. B. bei der Fuzzy-Regelung auch implizit in den Algorithmus integriert sein kann. Bei bekannten stationären Werten der Stellgrößen für den einzuregelnden stationären Zustand können diese hilfsweise statt der Konzentrationsmessung für die Reglersynthese herangezogen und neben dem Temperatursollwert angestrebt werden.

Beschreibt das gewünschte Wertepaar T, c (entsprechend dem gewünschten Umsatz bei vertretbarer Reaktortemperatur) eine instabile Ruhelage des CSTR, wie es im vorliegenden Fall im interessierenden Temperaturbereich der Fall ist, kann von einer Festwertregelung mit höherem zu einer Folgeregelung mit geringerem Stellaufwand übergegangen werden, wenn ein erzielbarer mittlerer Umsatz akzeptabel ist. Von besonderem Interesse ist hier als Führungsgröße der zur instabilen stationären Ruhelage gehörende natürliche stabile Grenzzyklus der Regelstrecke. Dieser kann im störungsfreien Fall mit verschwindender Stellenergie gefahren werden, wenn er beim Anfahren der Anlage erst einmal erreicht wurde. Selbst wenn der Grenzzyklus als Führungsgrößenverlauf durch ein Modell nur näherungsweise simuliert werden kann, ist die Modell-Verfolgung mit vergleichsweise geringerem Stellaufwand möglich. Im Störungsfall ist auf der anderen Seite das Zurückführen auf den stabilen Grenzzyklus mit geringerem Stellaufwand als die Rückführung in die zugehörige instabile Ruhelage verbunden.

3 Fuzzy-Regelung

Ein herkömmlicher analytischer Regler-Entwurf scheitert u. U. an der Komplexität oder der Unzulänglichkeit des vorhandenen System-Modells. Andererseits sind aber häufig auch einem Regler-Entwurf schwer zugängliche nichtlineare Regelstrecken durch menschliche Operateure (Experten) beherrschbar. Eine Analyse dieser Beobachtung ergibt hierfür u. a. folgende Gründe:

- Der Operateur handelt nach linguistischen Regeln, die sein Wissen über die Regelstrecke repräsentieren, etwa auch in Bezug auf Stellgrößen-Beschränkungen;
- Linguistische Regeln basieren auf linguistischen Variablen, deren Werte qualitativen Charakter haben, was mindestens eine der Ursachen der zu beobachtenden Robustheit der Vorgehensweise des Operateurs gegenüber Parameterunsicherheiten der Regelstrecke ist.

Wenn es also gelingt, derartige linguistische Algorithmen auf einem Rechner nachzubilden, so kann das Wissen des Operateurs unmittelbar in einen Regler-Algorithmus überführt werden, dessen Korrektheit darüber hinaus von den Wissensträgern an Hand ihres Wissens selbst überprüft werden kann. Dies trägt wiederum zur Verifizierbarkeit der Prozeßregelung und damit zur Akzeptanz linguistischer Regelungen bei.

Offenbar besteht das Problem, den Entwurf eines nichtlinearen analytischen Reglers („analytischer Darstellungsbereich") auf den eines linguistischen Reglers („linguistischer Darstellungsbereich") abzubilden, was nun durch Verwendung der Fuzzy-Logik möglich wird [20, 21, 22]. Die Abbildung der phänomenologischen auf linguistische Größen ist in diesem Falle die Fuzzifizierung, die Rückabbildung linguistischer auf phänomenologische Größen die Defuzzifizierung. Die linguistischen Variablen werden somit als Fuzzy-Variablen und linguistische Regeln als Fuzzy-Regeln, deren Schlußfolgerung durch Fuzzy-Inferenz ermittelt wird, darstellbar.

4 Objekt-basierte SPS-Implementation

Mit Hilfe der Funktionsblockdiagramm-(FBD-)Sprache des internationalen Standards IEC 1131-3 (DIN EN 61131-3) ist eine Objekt-basierte Konfiguration von Reglern auf SPSen möglich („Objekt-basiert" impliziert dabei nicht bereits die Realisierung von SW-Komponenten als Objekt-Exemplare eines expliziten Klassen-Konstrukts. Erst in diesem Fall spricht man von „Objekt-Orientierung" [23]). Die Konfigurierung mittels FBD-Sprache ist gegenüber programmierten Lösungen deshalb attraktiver, weil Funktionsblock-(FB-)Diagramme allein durch Überprüfung der Korrektheit der FB-Verbindungen und -Parameter verifizierbar sind [7], ein entscheidender Vorteil insbesondere bei sicherheitsrelevanten Systemen. Dies gilt auf vielen (Software-) SPSen auch für Fuzzy-Regelungen.

Bei der PEARL-SPS [11] ist darüber hinaus auch die System-Software streng modular (Modul = Sammlung von Daten, Prozeduren und Tasks) entworfen und implementiert.

Obwohl PEARL 90 nur implizite Klassen wie `SEMA` und `DATION` kennt, ist die System-Software bezüglich der Funktionsblöcke Objekt-basiert entworfen in der Weise, daß die Ergänzung eines neuen FB-Typs lediglich die Ergänzung eines entsprechenden Moduls bei minimaler und hochtransparenter Ergänzung von Importbezügen in anderen Modulen erfordert. Außerdem basiert die PEARL-SPS auf einem Realzeitmodell problemorientierter Ausprägung mit einem breiten Spektrum von Task-Anweisungen, das die vom IEC 1131-Standard geforderten Möglichkeiten einschließt. Z. B. kann ein FBD als Task „Regler1" mit der Periode $Ta1$ und der Priorität 10 mittels der Anweisung

`ALL` $Ta1$ `ACTIVATE` Regler1 `PRIO` 10;

zur prioritätsgesteuerten präemptiven konkurrierenden Ausführung eingeplant werden. Die Transparenz der Task-Anweisungen ist von besonderer Bedeutung vor dem Hintergrund, daß viele Richtlinien für sichere Systeme eher die Vermeidung von Multitasking empfehlen [1, 24]. Zusätzlich ist die PEARL-SPS um Software-Fehlertoleranz-Komponenten auf der Basis der Möglichkeiten der Ausnahme-Behandlung von PEARL 90 erweiterbar [15].

5 Funktionsblock-Konfigurierung des Reglers

Als Eingansgrößen für den Fuzzy-Folge-Regler werden die Reaktortemperatur T, deren zeitliche Ableitung $\dot{T}$ und die Regeldifferenz $T_{ref} - T$ verwendet.

Bei einem FB-konfigurierten Fuzzy-Regler mit zwei Eingangsgrößen könnte der in [9] vorgeschlagene `MATRIX_RULE`-Funktionsblock verwendet werden. Im vorliegenden Fall wäre aber ein dreidimensionaler `MATRIX_RULE`-Block (Kubus) erforderlich. Dabei geht allerdings Transparenz für den Anwender verloren, da die Regeln jeweils nur in zwei Dimensionen graphisch parametrierbar sind.

Mit Hilfe des Expertenwissens, das durch Messungen am realen System und durch Simulation der in Abschnitt 2.1 vorgestellten Modellgleichungen gewonnen wurde, läßt sich nun aber die Reaktortemperatur drei charakteristischen Betriebsbereichen des Reaktors zuordnen. Diesen Temperaturbereichen kommt bei der Regelung unterschiedliche Bedeutung zu. Der „untere Temperaturbereich" gilt nur beim Anfahren des Prozesses. Der eigentliche Betrieb findet im „mittleren Temperaturbereich" statt, während der „obere Temperaturbereich" als Ausnahmebetrieb angesehen werden kann. Somit lassen sich alle Regeln nach diesem Schema aufteilen, und es entstehen drei Regler für die drei verschiedenen Temperaturbereiche. Daraus ergibt sich das in Abb. 2 für die Stellgröße Δc_0 beispielhaft dargestellte FB-Diagramm. Die Regeln sind in drei `MATRIX_RULE`-Blöcken parametriert, die über `AND`/`OR`-Blöcke (`RULE`-Blöcke [25]) mit dem entsprechenden Fuzzy-Wert für den Temperaturbereich verknüpft werden. Für die zweite Stellgröße ergibt sich das gleiche FBD, wobei nur die Regeln anders zu parametrieren sind.

6 Verifikation durch Simulation

Zur Verifikation der Realzeit-Software eines FB-konfigurierten Reglers ist lediglich der Nachweis der Korrektheit der FB-Verbindungen und der FB-Parameter erforderlich, wenn man die Korrektheit der FBe voraussetzen kann.

Zunächst muß die Verifikation durch Simulation erfolgen. Dabei ist wichtig, daß ein einmal verifiziertes FB-Diagramm mit möglichst wenigen Änderungen zur Regelung des realen Reaktors übernommen werden kann. Dies wird dadurch möglich, daß die Simulation vollständig auf der selben SPS durchgeführt werden kann, die auch am realen Reaktor zum Einsatz kommt, ggf. in transformierter Zeit. Hierzu muß die Regelstrecke mit Hilfe eines entsprechenden FBs simuliert werden können. Die Rechenfolge der FBe wird so gewählt, daß beim Übergang auf die Regelung des realen Systems unter Ergänzung entsprechender Prozeß-EA-FBe lediglich der Strecken-FB durch das reale System „ersetzt" werden muß (Abb. 3).

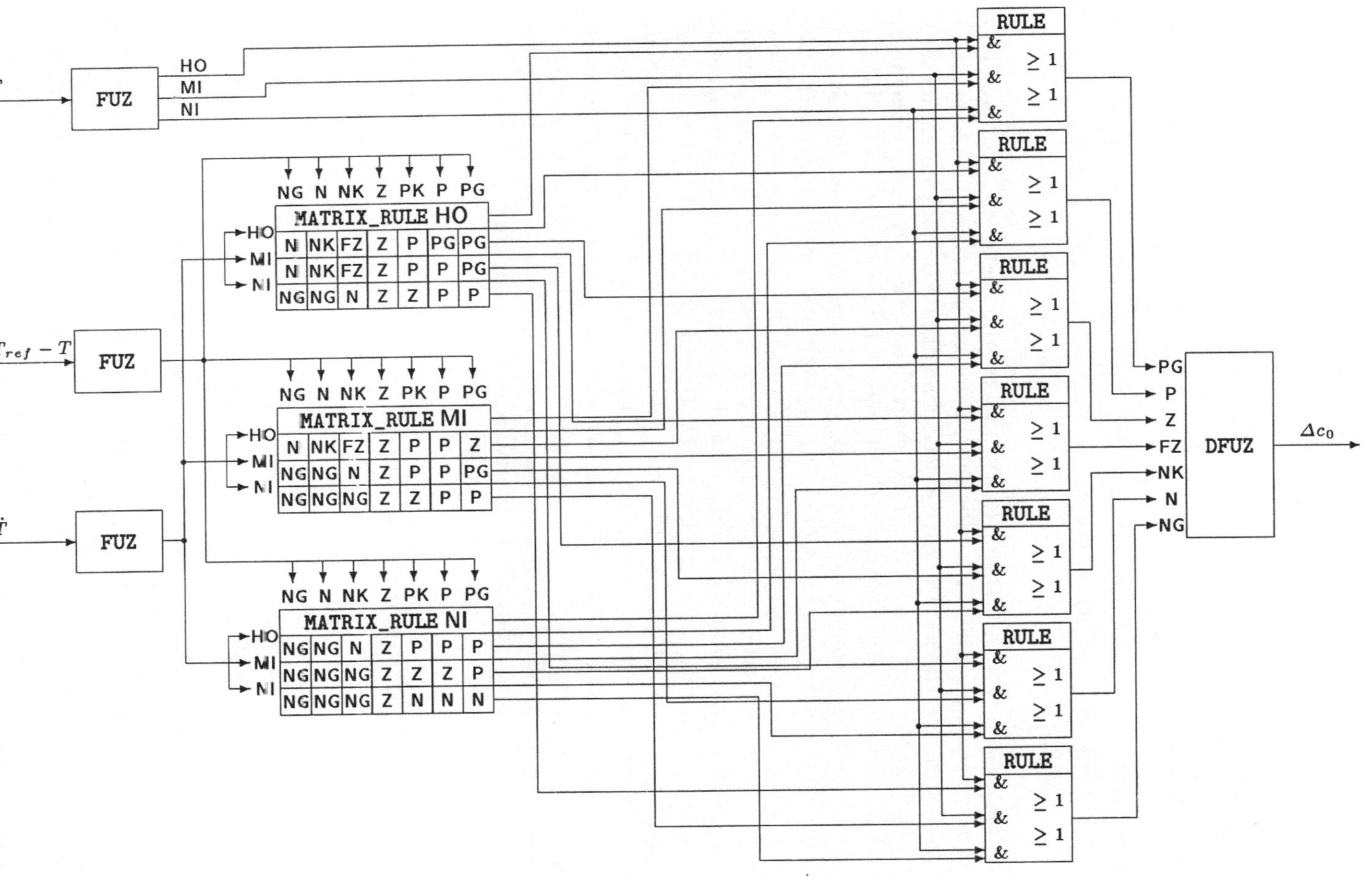

Abbildung2. FBD eines Fuzzy-Reglers

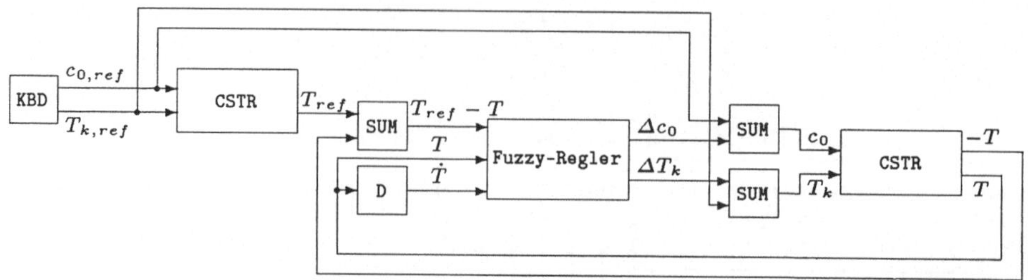

Abbildung3. FBD der Simulation (**Fuzzy-Regler** siehe Abb. 2)

Im Falle des hier betrachteten Reaktors ist es wünschenswert, die vorhandene Rechnerleistung der PEARL-SPS ggf. zu nutzen, um schneller als in Realzeit zu simulieren. Hierzu werden die zeitabhängigen FBe auf Simulationszeit $\tau = \beta \cdot t$ transformiert und β (< 1) als zusätzlicher FB-Parameter eingeführt. Als Verifikations-Szenarien können z. B. PC-Simulationen dienen, wenn ohnehin ein Modell zur Wissensaquisition herangezogen werden muß, d. h. wenn Expertenwissen in anderer Form nicht oder nur unzureichend vorliegt. Ist auch kein Modell vorhanden, muß man sich bei der Verifikation auf bekannte Merkmale der durch den Experten erzielbaren Ergebnisse beschränken. Im vorliegenden Fall ist ein Modell vorhanden [17, 18], sodaß ein breites Spektrum von geeigneten Verifikations-Szenarien zur Verfügung steht. Hierzu gehört z. B. (Abb. 4), daß man die Simulation von Regelstrecke und Führungsmodell im selben Zustand, etwa auf dem gewünschten Grenzzyklus (1), starten kann. In diesem Fall liefert der Fuzzyregler die zugehörigen stationären Stellwerte und hält sie. Außerdem ist in Abb. 4 der zum Grenzzyklus gehörige instabile stationäre Zustandspunkt (2) und das Einschwingverhalten beim Anfahren des Reaktors von einem typischen Anfangszustand (3) aus dargestellt. Hierbei wird allerdings ein vom Grenzzyklus des autonomen Systems etwas abweichender Grenzzyklus erreicht.

7 Schlußfolgerung und Ausblick

Die Objekt-basierte Funktionsblock-Konfigurierung von Tasks erweist sich auch im praktischen Anwendungsfall entsprechenden programmierten Versionen als überlegen. Die auf diese Weise erreichte problemorientierte Strukturierung erlaubt allen wissenstragenden Experten, zur Verifikation durch Validation [8] beizutragen. Insbesondere zeigt sich, daß auf diese Weise Fehler entsprechender programmierter Software-Versionen aufgedeckt werden können, nachdem eine in relativ kurzer Zeit konfigurierte und verifizierte Version zur Verfügung steht. Die Möglichkeit des problemorientierten Multi-Taskings trägt dabei entscheidend zu dessen Akzeptanz durch Fachexperten bei. Darüber hinaus eröffnet die Möglichkeit der überprüfbaren Korrektheit konfigurierter Realzeit-Tasks außerdem den Objekt-basierten und damit hochtransparenten Einbezug von Fehlertoleranz-Komponenten auf der Basis der Ausnahme-Behandlung bei vergleichbaren Qualitätsmerkmalen. Die Bedeutung dieser Untersuchungen wird auch dadurch unter-

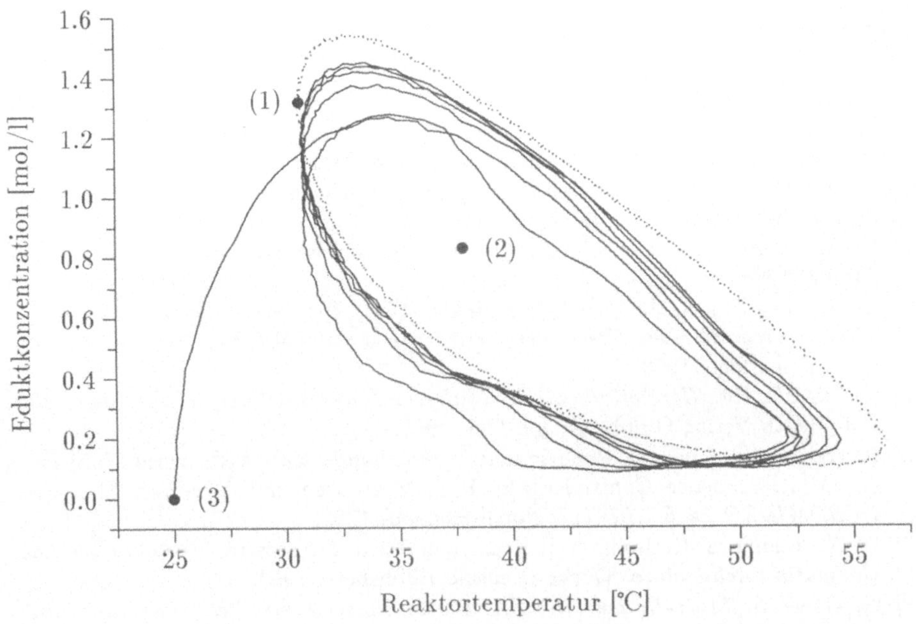

Abbildung4. Zustandsdiagramm des geregelten Reaktors bei unterschiedlichen Startwerten; (1): Startpunkt auf dem Grenzzyklus; (2): instabiler stationärer Zustand; (3): Anfahren des Reaktors

strichen, daß die internationale Vereinigung PLCopen mit derzeit 74 im wesentlichen durch SPS-Herstellerfirmen repräsentierten Mitgliedern, die die Einführung und Fortschreibung des Standards IEC 1131 sowie die Zertifizierung von SPSen nach diesem Standard unterstützen, sich in einem eigenen Technischen Komitee (TC 5, Safe Software) mit Fragen der Software-Sicherheit im Zusammenhang mit IEC 1131-3 beschäftigt [26].

Im Rahmen eines von der Universität Bremen (FNK-Kennz. 01/04/6 - PROFETA) und der MAX-BUCHNER-Stiftung (MBFSt-Kennz. 1844) geförderten Vorhabens werden z. Z. Möglichkeiten von Sparmodi [27] bei FB-konfigurierten Fuzzy-Reglern, etwa der wissensbasierten Modifikation des Regelsatzes in Abhängigkeit vom Systemzustand oder der Defuzzifizierungsmethode im Falle temporärer Überlast sowie der Umschaltung auf redundante Sensoren am CAN-Bus bei Sensorausfall durch Re-Parametrierung des entsprechenden Prozeß-EA-FBs untersucht.

Literatur

[1] Nuclear Regulatory Commission (NRC), Hg. *Review Guidelines on Software Languages for Use in Nuclear Power Plant Safety Systems, NUREG/CR-6463, Rev. 1*, 1996. www.nrc.gov/NRC/NUREGS/indexnum.html.

[2] D. Hablawetz. Applikationssoftware und Systemsicherheit in speicherprogrammierbaren Systemen. *at*, 46 (2), 84–92, 1998.

[3] W. A. Halang und R. Konakovsky. Sicherheitsgerichtete Software. *at*, 46 (2), 93–103, 1998.

[4] International Electrotechnical Commission (IEC), Hg. *International Standard IEC 1131-3, Programmable Controllers*, Teil 3. IEC Central Office, Geneva, Switzerland, 1. Auflage, 1993.

[5] VDI/VDE, Hg. *Herstellerneutrale Konfigurierung von Prozeßleitsystemen*, Blatt 1–3. Beuth Verlag GmbH, Berlin, Okt. 1995.

[6] R. Welter, G. Thiele, D. Popović und E. Wendland. A PEARL-based Multi-Loop and Multi-Sequence Controller. In: B.G. Mortensen und A. Nunez, Hg., *Proc. EUROMICRO 92*, S. 707–712. North-Holland, 1992.

[7] W. A. Halang, S.-H. Jung, B. J. Krämer und J. J. Scheepstra. *A safety licensable Computing Achitecture*. World Scientific Publishers, 1993.

[8] G. Thiele. *Software-Entwurf in PEARL-orientierter Form, Realzeit-Anwendungen aus der Prozeßautomatisierung*. B.G. Teubner, Stuttgart, 1993.

[9] J. Becker, H. J. Beestermöller, G. Thiele und D. Popović. Fuzzy-Regelung mit einem PEARL-basierten freikonfigurierbaren Automatisierungsgerät. In: *[28]*, S. 106–119. 1994.

[10] H. J. Beestermöller, G. Thiele und J. Becker. Fuzzy-Control with a PEARL-based Multi-Loop Controller. In: *Proc. 7th EUROMICRO Workshop on Real-Time Systems*, S. 66–70. Odense, 1995.

[11] G. Thiele, H. J. Beestermöller, L. Renner, M. Dorno und D. Popović. Task-Configuration of a PEARL-based Programmable Contoller for Process-Automation. *Contr. Eng. Pract.*, 3 (6), 843–848, 1995.

[12] Siemens, Hg. *Regelungssystem SIMADYN D*, 1998. Katalog DA99, Vorabversion, Ausg. 2/98.

[13] G. Thiele und H. J. Beestermöller. Problem-oriented Real-Time Programming of Embedded Systems with PEARL 90. In: A. Sydow, Hg., *Proc. IMACS World-Congress 1997*, Band 6, S. 475–480. Wissenschaft und Technik Verlag, 1997.

[14] DIN Deutsches Institut für Normung e.V., Hg. *DIN 66253-2 - Programmiersprache PEARL 90*. Beuth Verlag GmbH, Berlin, 1998.

[15] H. J. Beestermöller und G. Thiele. Wirtschaftliche Fehlertoleranz in Funktionsblock-konfigurierbaren Feldstationen. In: P. Holleczek, Hg., *PEARL 96 - Workshop über Realzeitsysteme*, Informatik aktuell, S. 29–40. Springer-Verlag, Berlin, 1996.

[16] H. J. Beestermöller. *Software-Fehlertoleranzverfahren für eingebettete verteilte Automatisierungssysteme*. Nummer 698 in Fortschrittberichte VDI, Reihe 8. VDI-Verlag, 1998.

[17] R. Neimeier, G. Schulz-Ekloff, T. Vielhaben und G. Thiele. A Nonlinear Observer for the Iron-Catalysed Hydrogen Peroxide Decomposition in a Continuous Stirred Tank Reaktor. *Chem. Eng. Technol.*, 20 (6), 391–395, 1997.

[18] T. Vielhaben. *Wissensbasierte Regelung eines gekühlten Durchflußrührkesselreaktors*. Diss., Univ. Bremen, 1998.

[19] T. Vielhaben, G. Schulz-Ekloff, R. Neimeier und G. Thiele. Maintaining a Periodic Temperature Profile within a CSTR using Fuzzy-Control. To be published.

[20] B. Bieker und G. Schmidt. Fuzzy-Regelungen und Linguistische Regelalgorithmen - eine kritische Bestandsaufnahme. *at*, 33 (2), 45–52, 1985.

[21] V. Altrock. *Fuzzy-logic and Neurofuzzy Applications explained.* Prentice Hall, 1995.

[22] J. Kahlert. *Fuzzy Control für Ingenieure.* Vieweg, 1995.

[23] J. Ludewig. Bemerkungen über Objekt-orientierte Programmiersprachen. Vortrag auf der 25. Sitzung des DIN NI-22, 5.-6.11.96, Stuttgart, 1996.

[24] J. Barnes. *High Integrity Ada.* Addison-Wesley, 1997.

[25] H.-P. Preuß. Fuzzy Control in Process Automation. *Int. J. of System Science*, 24 (10), 1849–1861, 1993.

[26] PLCopen, Hg. *PLCopening, Standardization in Industrial Control Programming*, S. 8. PLCopen, P.O. Box 2015, NL 5300 CA Zaltbommel, June 1998. evdwal@plcopen.org.

[27] A. Wehler und J. Heidepriem. Sicherung von Echtzeitbedingungen durch Task-Last-Management unter UNIX. In: *[28]*, S. 130–138. 1994.

[28] P. Holleczek, Hg. *PEARL 94 - Workshop über Realzeitsysteme*, Informatik aktuell, Berlin, 1994. Springer-Verlag.

Objekt-Orientierung und Echtzeit -

Tautologie oder Widerspruch in sich selbst

Karlotto Mangold
ATM Computer GmbH
Max Stromeyer Str. 160
78467 Konstanz

Überblick:

Nach einem Versuch die Begriffe *Objekt-Orientierung* und *Echtzeit-Programmierung* zu definieren, soll dargestellt werden, daß :
- einige *Echtzeit-Objekte* wie Tasks, Semas und Bolts objekt-orientiert sind,
- die "Mystik" der Objekt-Orientierung mit dem Verbergen der inneren Abläufe einem deterministischen Zeit-Verhalten massiv entgegenstehen
- sowohl in der O-O als auch in der Echtzeit-Programmierung bisher Paradigmen fehlen, um geforderte Eigenschaften, wie z.B. Laufzeiten zu beschreiben.

Einige Konsequenzen dieser Gegenüberstellung sind:
- PEARL war schon objekt-orientiert, als noch niemand wußte, was das war.
- Objekt-Orientierung ist so abstrakt und undurchsichtig, daß kein deterministisches Verhalten erwartet werden kann, ohne die wesentlichen Prinzipien aufzugeben.
- Echtzeitverhalten ist heute gar nicht mehr gefragt, bzw. automatisch gegeben.
- Es gibt keine gängige Beschreibungsmöglichkeit der Anforderungen an ein Echtzeitsystem und damit keine Möglichkeit das Systemverhalten zu überprüfen.

Summary

After an attempt to define the terms *object-oriented* and *real-time* this paper shows:
- Some real-time constructs as tasks, Semas and bolts are object-oriented.
- Hiding of details will contradict to deterministic behaviour.
- Constructs are missing to describe properties of a program e.g. execution time.
- PEARL was object-oriented from the very beginning.
- Is real-time at processor frequencies of more than 200 MHz out of date?

Einleitung

Sollen zwei so unterschiedliche Begriffe wie Objekt-Orientierung und Echtzeit - gegenübergestellt oder gar verglichen werden, so bedarf es zunächst einmal einer klaren Begriffsbestimmung.
Leider ist zwar heute fast alles, was in der Informatik *in* ist oder sich dafür hält, objekt-orientiert. Damit ist aber auch die Gefahr gegeben, daß alles ein Objekt ist und jeder sich den Aspekt der Objekt-Orientierung herauspickt, der gerade in sein Konzept paßt.

Was heißt objekt-orientiert?

Obgleich heute Software-Engineering ohne den Begriff *objektorientiert* fast nicht mehr vorstellbar oder zumindest hoffnungslos veraltet ist, fehlt immer noch eine gängige, prägnante und griffige Definition dieses Begriffes. Der Begriff des *Objektes* ist ebenso umfassend wie nichtssagend. Es gibt eigentlich nichts, was nicht schon dadurch, daß es bezeichnet wird, zum Objekt wird. Eine meines Erachtens minimale Definition findet sich im Informatik-Duden [1]. Dort wird ein *Objekt* definiert als Informationsträger, der einen zeitlich veränderbaren Zustand besitzt und für den definiert ist, wie er auf bestimmte „Nachrichten“ zu reagieren hat. Ich werde dieser Definition folgen, obwohl sie eigentlich der (deutschen) Sprache explizit widerspricht, wo ein (grammatikalisches) Objekt passiv ist und von sich aus, auch nach expliziter Aufforderung keine Aktionen durchführt, sondern solche nur „erleidet“ oder erträgt. Ein weiteres Problem, auf das hier allerdings nicht weiter eingegangen werden kann, besteht darin, daß die Begriffe innerhalb des objekt-orientierten Software-Entwicklungsprozesses nicht eindeutig sind. So wird i.a. in den frühen Entwicklungsphasen (Analyse und Design) etwas als Objekt bezeichnet, was in der Implementierungsphase dann häufig als Klasse (von Objekten) bezeichnet wird.
Kaltenhäuser [2] geht in seiner „Charakterisierung der Objekte in heutigen Programmiersprachen“ wesentlich weiter als der Duden und bezieht Vererbung, Klassen und Generizität mit ein.
Für die später darzustellende Beziehung zur Echtzeit bietet sich einerseits der Bezug auf Kaltenhäuser an, da er die Objekt-Orientierung bei nebenläufigen Systemen untersucht. Da er sich aber auf Analyse und Design beschränkt, ist sein Ansatz nicht ohne weiteres auf die Programmierung zu verallgemeinern.
Aus Sicht des Software-Engineering werden in den objektorientierten Methoden einige wesentliche Ansätze vereint. Als wesentliches Paradigma ist die Datenkapselung zu nennen und die damit verbundene Zusammenfassung von Daten und den zugehörigen Manipulations-Funktionen. Das heißt, wie schon oben erwähnt, verändert sich ein Objekt mit Hilfe seiner Methoden selbst auf Grund von eingegangenen Nachrichten oder Aufträgen. Durch die Zusammenfassung von Datenstrukturen und zugehörigen Methoden zu Objekten wird die Trennung zwischen

passiven Daten und aktiven Funktionen aufgehoben. Diese Sicht wird in der Informatik meist auf SIMULA67 [3] und damit auf das Jahr 1967 zurückgeführt. Dabei wird jedoch übersehen, bereits Samuel Butler (1612 - 1680) [4] rund 300 Jahre früher feststellte: *„Ein Huhn ist die Methode eines Eis, ein neues Ei zu erzeugen"*. Damit sind die für die Objekte so wichtigen Konstruktoren wesentlich älter, als allgemein angenommen. Aus der Existenz dieser alten Aussage läßt sich folgern, daß nicht alles, was bereits vor der sogenannten Erfindung oder Entdeckung der Objektorientierung existierte, zwangsweise nicht objektorientiert sein konnte. Das heißt aber, daß der Absolutheitsanspruch der objektorientierten Ansätze in Frage zu stellen ist.
Um weitere Anforderungen nach Wartbarkeit und Erweiterbarkeit erfüllen zu können, wird die oben beschriebene Vereinigung von Daten und Methoden noch um die Eigenschaften Vererbung, Polymorphismus und dynamische Bindung ergänzt.
Ein wesentlicher Punkt, der innerhalb der Ojekt-Orientierung vernachlässigt wird, ist die Art des Nachrichtenaustauschs zwischen den einzelnen Objekten.

Was heißt Echtzeit?

Der oben zitierte Informatik-Duden schweigt sich zum Begriff Echtzeit oder Realzeit leider aus. Dagegen wurde kürzlich in der COMPUTER-ZEITUNG [5] versucht in einem sogenannten Hintergrundbericht die Problematik von Echtzeitbetriebssystemen einem breiteren Publikum darzustellen. Als „Fokus" der Echtzeit wurde dort herausgestellt:

- Ein Echtzeitbetriebssystem besitzt eine Reaktionszeit unter 100 Millisekunden
- Die genaue Festlegung der Reaktionszeit eines Realtime-Systems hängt entscheidend von der Aufgabenstellung ab.

Diese „Definitionen" sind in mehrfacher Hinsicht mangelhaft und für unsere Fragestellung nicht zu gebrauchen. Zunächst fehlt die entscheidende Forderung nach einem deterministischen und reproduzierbaren System-Verhalten. Der verwendete Begriff der Reaktionszeit wird nirgends definiert. Außerdem wird darauf verzichtet, klar darzustellen, daß das Nicht-Einhalten von Zeitbedingungen (egal aus welchen Gründen) Systemfehler sind. Der in der Computer-Zeitung suggerierte Begriff von Echtzeit würde - falls er heute mit einem System nicht erreichbar sein sollte - im Laufe der Zeit mit steigender Prozessorfrequenz der Hardware ohne Software-Änderungen automatisch erreicht werden können. Das heißt, mit höherer Prozessor-Frequenz würde jedes System automatisch zu einem Echtzeitsystem oder einem für Echtzeitaufgaben geeigneten System. Tendenziell könnte das dazu führen, daß beispielsweise ein Airbag von einem Windows-System gesteuert würde. Damit wächst aber auch die Gefahr, daß bevor der Airbag auslöst, eine eigene Dialogbox mit der Anfrage „ auslösen ja / nein" aufgeht und erst nach Bestätigung die gewünschte Aktion ausgeführt wird.
Hier soll dagegen unter einem Echtzeitsystem ein System verstanden werden, dessen Zeitverhalten insgesamt deterministisch ist, das heißt, daß sowohl das Betriebssystem als auch die Anwender-Software deterministisch sein muß. Dabei werden die einzuhaltenden Zeitbedingungen von der jeweiligen Anwendung vorgegeben. Ein

Lottozettel, der erst nach der Ziehung bei der Zentrale eintrifft, ist eben auch zu spät und nicht mehr akzeptabel, auch wenn hier erheblich größere Zeiträume als 100 msec im Spiel sind. Ebenso ist es eine Sache der Anwendung, welche Konsequenzen aus dem Nicht-Einhalten von Zeitbedingungen zu ziehen sind und nicht die Entscheidung des Systems. Diese Zeitbedingungen seien bekannt und werden für die Erfüllung der gestellten Aufgaben als ausreichend betrachtet. Wird die Forderung nach deterministischem Verhalten erfüllt, so folgt daraus sofort auch ein reproduzierbares Systemverhalten.

Nun heißt ja deterministisches Verhalten, daß bei gleichen Ausgangsbedingungen (Voraussetzungen) auch dieselben Ergebnisse entstehen. Das eigentlich offene Problem dabei ist jedoch die Beschreibung der für dieses Verhalten notwendigen Voraussetzungen. In der Praxis zeigt es sich nämlich leider, daß diese Randbedingungen oft so komplex sind, daß sie nicht oder nur unvollständig angegeben werden können.

Ein weiteres - vom Zeitverhalten unabhängiges - Kriterium für Echtzeitsysteme ist die Tatsache, daß es sich meist um Systeme mit quasi-parallelen Abläufen (Tasks) handelt, die miteinander kommunizieren und sich synchronisieren müssen. Durch diese nebenläufige Struktur werden jedoch die Voraussetzung zur Beschreibung deterministischen Verhaltens noch komplexer. Mit dieser Nebenläufigkeit wird versucht, (Re-)Aktionen (Interrupt-getriggert) spontan auf Grund von externen Ereignissen durchführen zu können, ohne auf die aktive Zustandsabfrage in einem Poll-Zyklus warten zu müssen. Bei genauerer Betrachtung zeigt sich jedoch, daß die Beschreibung der Randbedingungen für eine rechtzeitige Reaktion, das heißt die Garantie einer bestimmten Interrupt-Latenz, sehr aufwendig ist. Deshalb wird in den Echtzeitsystemen für sicherheitkritische Anwendungen, die im allgemeinen für den Betrieb eine spezielle Zulassung oder Zertifizierung benötigen, meist auf die Nebenläufigkeit verzichtet und der gesamte Ablauf in einer umfassenden Endlosschleife formuliert, deren Zeitverhalten leichter nachzuvollziehen und zu überprüfen ist.

Für die hier anstehende Betrachtung soll jedoch nicht auf die Nebenläufigkeit verzichtet werden. Der Einfachheit halber wird jedoch hier der Fall von verteilten Systemen nicht betrachtet, da dabei sofort das Problem der echtzeitfähigen (deterministischen) Protokolle für die Kommunikation zwischen den einzelnen Knoten auftritt.

Die Mystik objekt-orientierter Programmiersprachen

Betrachtet man die verschiedenen Programmiersprachen und untersucht sie darauf, wie weit sie objekt-orientierte Programmierung unterstützen, so zeigt sich, daß die wesentlichen Voraussetzungen für die Datenkapselung, die Definition von Datenstrukturen und Manipulationsfunktionen in praktisch allen modernen Sprachen unterstützt wird. Frevert gibt in [6] ein Beispiel für objekt-orientierte Programmierung in PEARL90. Er weist aber auch daraufhin, daß damit ein nicht unbeträchtlicher Schreibaufwand verbunden ist oder ein Preprozessor nützliche

Dienste leisten könnte. Daran kann man bereits sehen, daß bei der objekt-orientierten Programmierung nicht nur die Sprache, sondern die gesamte Entwicklungs-Umgebung zu betrachten ist. Im Hinblick auf überschaubare Anwendungen als Voraussetzung für deterministisches Zeitverhalten ist ein erheblicher Schreibaufwand vielleicht sogar sehr erzieherisch. Es ist auf jeden Fall transparenter, als wenn beispielsweise in Microsofts Visual C++ ein Automatismus abläuft, der mit dem Namen "Assistent" bezeichnet wird, obwohl die eigentliche Übersetzung von "wizard" als Zauberer [7] viel treffender wäre. Es ist nämlich nur mit großem Aufwand nachzuvollziehen, welcher Code erzeugt wird und was genau abläuft. Offensichtlich ist hier das *information hiding* so gemeint, daß das Programm vor dem Programmierer versteckt wird, um das Mysterium der Objekt-Orientierung zu perfektionieren. Nur am Rande sei darauf verwiesen, daß Goethe bereits vor rund zweihundert Jahren in seinem *Zauberlehrling* gezeigt hat, wohin der Einsatz von Zauberern durch Lehrlinge führen kann, und daß es deshalb besser ist, dafür *Hexenmeister* einzusetzen.
Es sei jedoch klargestellt, daß es sich hierbei nicht primär um Eigenschaften von Programmiersprachen handelt, sondern darum, daß nicht nur das Produkt, sondern bereits das Werkzeug mit dem das Produkt erzeugt wird, objekt-orientiert programmiert wurde. Es besteht der Verdacht, daß das Produkt selbst, zumindest in demselben Maße wie das Werkzeug, mysteriös werden muß.

Echtzeit in Echtzeit-Programmiersprachen ?

Wie der Name erwarten läßt, haben Echtzeitsprachen in Ergänzung zu den üblichen Programmiersprachen Sprachelemente zur Behandlung der Zeit. Die einfachsten Elemente sind Datentypen zur Darstellung von Zeitpunkten und Zeitspannen. Datentypen allein reichen natürlich nicht aus, sondern es werden auch Operationen auf diesen Datentypen benötigt. Dabei ist selbstverständlich, daß beispielsweise die Subtraktion von zwei Zeitpunkten eine Zeitdauer ergibt und ihre Addition nicht definiert ist. Ebenso kann erwartet werden, daß es Möglichkeiten zum Verzögern (delay) und zum Fortsetzen von Tasks gibt. Ein weiterer wesentlicher Aspekt ist die Formulierung von Ausführungszeiten, um zu beschreiben, welche Laufzeit für ein bestimmtes Codestück erwartet wird, bzw. zugelassen ist. Leider sind jedoch solche Sprachkonstrukte praktisch nicht vorhanden. Einen ersten Ansatz dazu bietet Ada95 mit dem *asynchronous transfer of control.* Ein einfaches Beispiel ist im Rationale [8] gegeben.

```
select
    delay 5.0;          -- Trigger-Alternative
    Put_Line("Verfahren divergiert");
then abort
    Invertiere_Grosse_Matrix(M);
end select;
```

Die grundlegende Idee dieses Konstrukts besteht darin, daß die Ausführung der Anweisungen zwischen **then abort** und **end select** abgebrochen wird, falls sie nicht beendet sind, bevor die Wartezeit der delay-Anweisung abgelaufen ist. Mit einer solchen Konstruktion ist es möglich Zeitbedingungen für die Ausführung von Anweisungsfolgen vorzugeben und gleichzeitig Maßnahmen zu formulieren, die ergriffen werden sollen, falls diese Bedingungen nicht erfüllt werden. Aus Sicht der Nutzer und der Ersteller von sicheren Systemen sind solche Konstrukte unbedingt erforderlich. Es wäre jedoch hilfreich, wenn sie weiter verbreitet wären und eine einfachere Syntax hätten.

Was bietet PEARL?

Der Klarheit halber sei zunächst ausdrücklich erwähnt, daß mit PEARL hier stets PEARL90 gemeint ist, das in der derzeit gültigen Deutschen Industrie-Norm [9] standardisiert ist. Bezüglich der hier betrachteten Eigenschaften kann auch auf den Vorgänger Full PEARL [10] verwiesen werden, da sich PEARL entgegen dem allgemeinen Informatik-Trend bezüglich ihrer Objekt-Orientierung in den dazwischen liegenden Jahren praktisch nicht verändert hat. Nachdem es Beispiele für die objektorientierte Programmierung in "reinem" PEARL90 [6] gibt, soll hier auch nicht auf objekt-orienterte Erweiterungen eingegangen werden, wie sie z. B. in [11] vorgeschlagen werden. Es muß jedoch zugegeben werden, daß im algorithmischen Teil PEARL zwar objekt-orientierte Programmierung ermöglicht, daß diese jedoch nicht in dem Sinne unterstützt wird, daß es einfacher und naheliegender wäre, objekt-orientiert zu programmieren. Eine solche Unterstützung muß jedoch nicht notwendigerweise mit Hilfe einer Spracherweiterung realisiert werden, sondern könnte - zumindest bis zu einem bestimmten Grade - auch durch eine entsprechende Entwicklungsumgebung realisiert werden. Wird jedoch im Sinne von Frevert [6] die Schreibarbeit vereinfacht, so wächst damit auch die Gefahr, Code zu produzieren und Konstrukte zu verwenden, deren Umfang und Zeitanforderungen dem Programmierer verborgen bleiben. Ob dabei noch deterministisches Verhalten garantiert werden kann, erscheint zumindest fraglich.
Wie sieht es nun bei den Echtzeit-Konstrukten von PEARL aus? Von der Substanz her können Semaphore und Bolts als Synchronisations-Objekte bezeichnet werden, die mit den Operationen REQUEST und RELEASE bzw. RESERVE, FREE, ENTER und LEAVE als Methoden bearbeitet werden können.
Bezüglich der Klasse der nebenläufigen Objekte (Tasks) kann man die Taskoperationen ACTIVATE, TERMINATE, SUSPEND, RESUME, und PREVENT als die zugehörigen Methoden betrachten, die für jedes Objekt definiert sind. Da diese Operationen i. a. in einer anderen Task aufgerufen werden, sind mit einem solchen Aufruf sogar Nachrichten an die jeweiligen Objekte verbunden.
Eine weitere Klasse, die in dieser Form in anderen Sprachen nicht existiert, sind die Datenstationen (DATION). Durch die Trennung von Problemteil und Systemteil wird hier von den Eigenschaften spezieller Geräte soweit abstrahiert und Wesentliches zusammengefaßt, daß fast kein Unterschied zu den *Fenstern* als Paradebeispielen der Objektorientierung mehr zu erkennen ist.

Zusammenfassung

Zusammenfassend läßt sich festhalten, daß

- die Objekt-Orientierung nicht so neu ist,
- die Echtzeitelemente von PEARL objektorientiert sind,
- Objekt-Orientierung und Echtzeit sich nicht ausschließen,
- viele moderne Tools die tatsächlichen Abläufe verschleiern,
- die Formulierung von Echtzeitanforderungen (fast) nicht unterstützt wird,
- Automatismen in der Echtzeitprogrammierung eher hinderlich sind,
- die *einfache* Programmgenerierung nicht unbedingt einfache Programme erzeugt.

Als Fazit bleibt die Feststellung, daß Echtzeit-Systeme, mit einem überprüfbaren Zeitverhalten nicht auf Knopfdruck oder gar mit Hilfe eines Zauberers entstehen, auch wenn die Werkzeughersteller dies suggerieren. Solche Systeme müssen - nach wie vor - sehr sorgfältig implementiert werden. Zu dieser Sorgfalt gehört auch eine kritische Auseinandersetzung mit dem Code, der automatisch erzeugt oder aus mitgelieferten Bibliotheken - unter Umständen erst zur Laufzeit - angezogen wird. Bei der Implementierung von Echtzeit-System können und sollen zwar moderne Prinzipien des SW-Engineering berücksichtigt werden, es muß aber beachtet werden, daß bei aller "künstlichen Intelligenz" in den Rechnern die natürliche Intelligenz und Erfahrung dafür unabdingbar ist, auch wenn die Fortschrittsgläubigkeit gerne einfachere Lösungen verspricht.

Literaturverzeichnis

[1] Duden Informatik, Ein Sachlexikon für Studium und Praxis, Duden-Verlag Mannheim, 1989

[2] Kaltenhäuser, H.: Nutzen und Möglichkeiten der Objektorientierung zur Analyse und Design von nebenläufigen Systemen zur Prozeßlenkung, in Holleczek, P. (Hrsg): PEARL97 Workshop über Realzeitsystem, Springer, Berlin, Heidelberg,..., 1997, S. 51 - 57

[3] Dahl, O- et al: The Simula Common Base Languager Norwegian Computing Centre, Oslo 1968.

[4] Kurzformeln - Theoreme aus dem Kaffeesatz, DIE ZEIT #2 , 2. Jan. 1998, S. 33, Hamburg, 1998

[5] Beutner, Andreas: Das Echtzeitbetriebssystem mit einfacher Handhabung gibt es noch immer nicht, in Computer-Zeitung, Nr.32 vom 6. Aug. 1998 S. 16.

[6] Frevert, L.: Objektorientierte Programmierung in PEARL90, in PEARL News 2/97 hrsgg. von GI Fachgruppe 4.4.2, Nov. 1997

[7] Duden Oxford Standardwörterbuch Englisch - Deutsch, Dudenverlag, Mannheim, 1991

[8] Barnes, J. (Ed.): Ada95 Rationale, The Language The Standard Libraries, II.10, Springer, LNCS 1247, Berlin, Heidelberg,...,1994
[9] DIN 66253-2 PEARL90, Beuth Verlag, Berlin 1997
[10] DIN 66 253 Teil 2: Full-PEARL, Beuth Verlag, Berlin, 1980
[11] Frigeri, A.H.; Halang, W.A.: Eine objekt-orientierte Erweiterung von PEARL90 in Holleczek, P. (Hrsg): PEARL97 Workshop über Realzeitsystem, Springer, Berlin, Heidelberg,..., 1997, S. 31 - 40

Gesichtspunkte für den Einsatz von objektorientierten Softwaremethoden und Standard-Bibliotheken in eingebetteten Echtzeitsystemen

Silvije Jovalekic[1], Stefan Schweitzer[2] und Peter Stumfol[1]

[1] Fachhochschule Albstadt-Sigmaringen
Fachbereich Technische Informatik
Jakobstraße 6, 72458 Albstadt
[2] Sick AG
Seb.-Kneipp-Str. 1
79183 Waldkirch

Kurzfassung. Dieser Artikel berichtet über Vorgehensweisen und Ergebnisse beim Einsatz von objektorientierten Softwaremethoden, Entwurfsmustern und der Standard Template Library (STL) in Echtzeitsystemen. Ein besonderes Ziel der Arbeit war es, das Zeitverhalten von Anwendungen, konstruiert mit STL, zu beurteilen. Als Beispiel wurde der Kern eines Echtzeitbetriebssystems entwickelt.

1 Einleitung

Bei eingebetteten Systemen mit Echtzeiteigenschaften, z.B. elektronische Steuergeräte im Kfz-Bereich, sind die Anforderungen an Zuverlässigkeit, Sicherheit, Anpaßbarkeit und Minimierung der Entwicklungszeiten besonders wichtig. Der Übergang von der maschinennahen zur problemorientierten prozeduralen Entwicklung hat sich in dieser Systemklasse in vielen Fällen bereits vollzogen. Komplexe Funktionen, z.B. Benutzerführungen und Diagnose- und Wartungsfunktionen, erfordern darüber hinaus objektorientierte Softwaremethoden.

Die objektorientierten Konzepte bieten gute Grundlagen für die Erfüllung der oben genannten Anforderungen. Darauf setzen Entwurfsmethoden, z.B. OMT und C++ Richtlinien, auf, die die Qualität der erstellten Software sicherstellen. Elegante Lösungen für allgemein bekannte Probleme werden neuerdings in Form von Softwaremustern dokumentiert. Diese unterstützen auf hohem Abstraktionsniveau die Wiederverwendbarkeit der Softwareentwürfe und Komponenten. Sie können für den Entwurf gesamter Softwarearchitekturen bis hin zu den speziellen Entwürfen in einer Programmiersprache eingesetzt werden. Auch bei Echtzeitsystemen werden allgemeine und spezifische Softwaremuster zunehmend eingesetzt [1][2][3].

Weitere Unterstützung beim Softwareentwurf bieten Standard-Klassenbibliotheken. Wohldurchdachte und gut dokumentierte Komponenten solcher Bibliotheken sowie deren Verfügbarkeit auf verschiedenen Plattformen steigert die Softwareproduktivität. Standard Template Library (STL) ist eine wichtige Bibliothek geworden, weil sie ANSI Standard ist und neue Entwurfsvorgehensweisen unterstützt, um Software höherer Qualität zu erstellen [4].

2 Softwaremuster

Softwaremuster sind Beschreibungen von allgemeinen Problemen und eleganten Lösungen, die immer wieder bei der Softwareentwicklung auftreten. In veröffentlichte Softwaremuster fließen Erfahrungen vieler Entwickler ein, so daß sie oft optimale Lösungen darstellen. Dadurch wird erneutes Erfinden bekannter Lösungen reduziert. Objektorientierte Softwaremuster gewinnen immer mehr an Bedeutung.

Softwaremuster unterstützen die Entwickler bei: (1) der Dokumentation gut erwiesener Entwurfspraxis, (2) der Spezifikation komplexer Abstraktionen, die mehrere Klassen und Objekte erfordern, (3) der Dokumentation der Softwarearchitekturen, (4) der Konstruktion von Software mit definierten Eigenschaften, (5) dem Bau heterogener Softwarearchitekturen, (6) der Beherrschung der Komplexität [5].

2.1 Klassifizierung von Softwaremustern

Die Softwaremuster decken verschiedene Abstraktionsebenen ab. Manche Muster dienen zur Strukturierung der Systeme in Subsysteme. Andere unterstützen die Verfeinerung der Subsysteme und Komponenten. Weitere erweisen sich bei der Implementation bestimmter Entwürfe in einer Programmiersprache als hilfreich.

Architekturmuster sind Schablonen für konkrete Softwarearchitekturen und beschreiben die fundamentale Struktur des Softwaresystems. Sie geben die Subsysteme und deren Verantwortlichkeiten vor, sowie die Regeln der Kommunikation zwischen diesen Subsystemen. Das Architekturmuster `Task` beschreibt die Nebenläufigkeit und deren Einschränkungen bei einem Echtzeitsystem [6].

Entwurfsmuster werden zur Verfeinerung der Subsysteme oder Komponenten des Softwaresystems verwendet. Sie sind sprachunabhängige Muster mittleren Abstaktionsgrades und kleiner als Architekturmuster. Zur Kommunikation zwischen den Tasks eines Softwaresystems kann das Entwurfsmuster `Communicator` verwendet werden. Das Entwurfsmuster `Observer` ist die Lösung für Konsistenzprobleme nebenläufiger Komponenten. Dieses Muster unterstützt lose Kopplung von Komponenten, wobei die Wiederverwendbarkeit jeder Komponente erhöht wird [6] [7].

Idiome sind Softwaremuster niedrigen Abstraktionsniveaus. Sie beschreiben, wie bestimmte Aspekte der Komponenten und deren Beziehungen mit der gegebenen Programmiersprache zu implementieren sind. Das Standard-Coding Idiom spezifiziert die Klassen in C++, so daß sich benutzerdefinierte Typen wie die fundamentalen Typen verhalten. Das `Handle/Body`-Idiom erhöht die Softwarezuverlässigkeit sowie die Speicher- und Zeiteffizienz von Abstraktionen [8].

2.2 Hardwareabstraktion

Echtzeitsysteme sind durch starke Interaktion mit der Hardware gekennzeichnet. Das Subsystem Hardware Wrapper abstrahiert die Hardwarekomponenten mittels Softwareobjekten. Bei der Systementwicklung wird er frühzeitig erstellt. Die Gründe dafür sind: (1) er schafft die Basis für andere Subsysteme und reduziert die Komplexität des gesamten Softwaresystems, (2) zur Entlastung anderer Subsysteme werden den Systeminteraktionsobjekten Aufgaben mit Zeitverhalten übertragen, z.B. Verarbeitungssequenz der Aktordaten, (3) die exklusive Benutzung der Schnittstellen wird durch eindeutige Systeminteraktionsobjekte und durch Synchronisation der Zugriffe auf deren Methoden gewährleistet, (4) frühzeitiger und realer Test des Gesamtsystems deckt die Einschränkungen der Software auf.

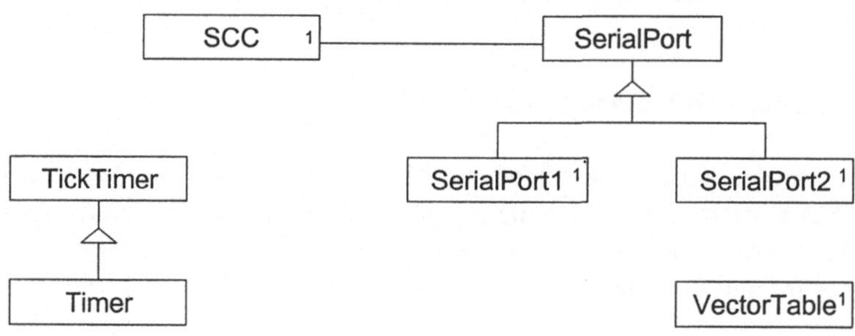

Abb. 1. Komponenten und Beziehungen im Hardware Wrapper

In der Abbildung 1 ist der Hardware Wrapper des entwickelten Echtzeitkerns für einen Einplatinenrechner dargestellt. Bereits in dieser tief gelegenen Schicht kommen objektorientierte Entwurfsmethoden und Softwaremuster zur Anwendung. Es wurden unter anderem das Standard Coding- und das `Singleton`-Idiom eingesetzt. Des weiteren werden Vererbung und dynamische Bindung eingesetzt.

Die Klasse `VectorTable` abstrahiert die Interruptvektortabelle des MC68xxx-Systems. Da es nur eine einzige Interruptvektortabelle gibt, wurde dieser Klasse die Singleton-Eigenschaft verliehen. Des weiteren gibt es genau einen Schnittstellencontroller `SCC`, der über die Ports `SerialPort1` und `SerialPort2` verfügt, die unterschiedlich implementiert sind. Gemeinsame Eigenschaften werden in der Basisklasse `SerialPort` spezifiziert und implementiert. Referenzen auf die `Serial-`

`Port`-Objekte müssen von der `SCC`-Klasse angefordert werden. Es stehen verschiedene Zeitgeber Bausteine zur Verfügung, die für azyklische Fälle über `Timer` und für zyklische Fälle über `TickTimer` gesteuert werden.

3 Eigenschaften der Standard Template Library (STL)

STL ist eine Klassenbibliothek und seit 1994 Teil des ANSI-Standards für generalisierte Datenstrukturen und Algorithmen. STL unterstützt komponentenorientierte Vorgehensweisen bei der Entwicklung objektorientierter Software. Der Funktionsumfang gliedert sich in drei Bereiche: Container, Algorithmen und Funktionsobjekte.

Die Containerklassen sind leicht anzuwenden und tragen zu einer großen Zeitersparnis bei der Entwicklung bei. Verschiedene Arten von Containerklassen haben viele gemeinsame Eigenschaften, so daß deren Anwendung leicht zu erlernen ist. Ein Beispiel ist `vector`-Containerklasse, die eine Menge von Elementen sequentiell speichert und die für viele Probleme bereits die effizienteste Lösung darstellt.

Die Algorithmen sind in der STL von den Containerklassen getrennt. Der Zugriff auf Containerdaten erfolgt über Iteratoren, die als eine Art modifizierter Zeiger darstellen. Dieser Ansatz macht es möglich, Algorithmen auch auf beliebige Container anzuwenden. Ein Beispiel ist `min_element`, ein Algorithmus, der das Element mit dem geringsten Wert aus einem Container ermittelt, wobei das Vergleichskriterium ein Parameter ist. Funktionsobjekte stellen einen `()`-Operator zur Verfügung, so daß sie wie gewöhnliche Funktionen zur Ausführung gebracht werden können. Oft dienen sie als Parameter für Algorithmen. Z.B. vergleicht das Funktionsobjekt `greater` zwei Werte beliebigen Typs miteinander und liefert das Vergleichsergebnis zurück.

Besonders wichtige Eigenschaften der STL für eingebettete Echtzeitsysteme sind:
- Effizienz. Die Implementation der STL-Container ist minimal gehalten und es werden weder Vererbung noch virtuelle Funktionen verwendet.
- Typensicherheit. Alle Containerklassen, Algorithmen und Funktionsobjekte können mit Hilfe von Typ-Parametern konfiguriert werden.
- Flexible Speicherverwaltungsfunktionen. Die Verwaltung des dynamischen Speichers erfolgt über Allokatoren. Der Anwender kann die Standardallokatoren durch eigene ersetzen und somit eine eigene Speicherverwaltung erstellen [9].

4 Komponentenentwurf des Echtzeitbetriebssystems

Die Betriebssystemfunktionen wurden mit dem Ziel festgelegt, mindestens den Funktionsumfang eines für Lehrzwecke prozedural entwickelten Echtzeitbetriebssystems bereitzustellen:
- flexibles Ein- und Ausplanen von Tasks,
- ereignis- und zeitbedingtes (relativ und absolut) Aktivieren von Tasks,

- ereignis- und zeitbedingtes (relativ und absolut) Unterbrechen von Tasks,
- blockieren von Tasks durch verschiedene Ursachen; Mehrfachblockierung,
- dynamische Prioritäten,
- verschiedene Zuteilungsstrategien: Prioritäten, Zykluszeiten, Fristen

4.1 Grobentwurf

Der Entwurf stützt sich auf das Entwurfsmuster `Task`. Abbildung 2 gibt die Struktur und die Klassenbeziehungen des Betriebssystemkerns wieder. Die abstrakte Klassenschablone `SystemIndependentTask` definiert die Programmierschnittstelle für die Taskverwaltung, die an die Benutzertaskklassen vererbt wird. Sie enthält die Spezifikation der Einplanungs- und Zustandsübergangsfunktionen mit vielfältigen Zeitbedingungen. Die Implementierung dieser Methoden ist betriebssystemabhängig und wird der Klasse `SystemTask` überlassen. Sie dient als Basisklasse für Benutzertaskklassen `UserTask`. Die Methode `run()` der Klassen `UserTask` stellt den Taskcode dar [6].

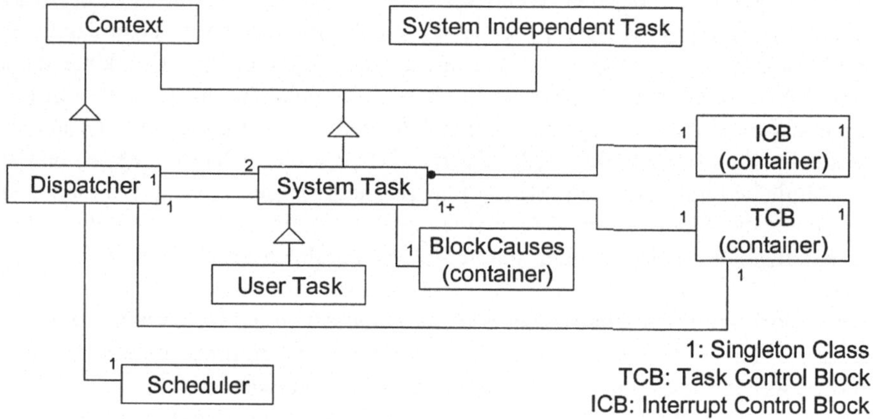

Abb. 2. Klassenbeziehungen im Betriebssystemkern

Das Entwurfsmuster `Task` wird um den Kontextwechsel-Mechanismus erweitert. Soll eine Task durch ein externes Ereignis unterbrochen werden, so geht die Kontrolle auf die Verwaltungseinheit `Dispatcher` über, die auf das Ereignis reagiert. Bei dem Übergang von der Task zur Verwaltungseinheit muß der Kontext der Task in den Taskverwaltungsblock `TCB` gerettet werden. Wenn der Dispatcher seine Arbeit erledigt hat, gibt er die Kontrolle auf eine der bereiten Tasks über. Auch hierbei kommt es zu einem Kontextwechsel. Der Dispatcher und die Tasks kooperieren miteinander.

Der Kontextwechsel wurde einheitlich realisiert. Die gemeinsamen Eigenschaften der Klassen `SystemTask` und `Dispatcher`, nämlich die Funktionen zur Durchführung des Kontextwechsels, werden in der Klasse `Context` zusammengefaßt. Die Schnittstelle dieser Klasse enthält die Methode `transfer()`, deren Aufgabe darin besteht die aktuellen Inhalte der Prozessorregister in einen Puffer zu sichern und anschließend den Pufferinhalt eines anderen Kontextes in die Prozessorregister zu laden [10].

4.2 Dynamischer Ablauf

Die Funktionsweise des entworfenen Echtzeitbetriebssystems läßt sich anhand der Betrachtung typischer Szenarien erklären. In der Abbildung 3 ist der dynamische Ablauf eines Szenarios durch ein Interaktionsdiagramm veranschaulicht.

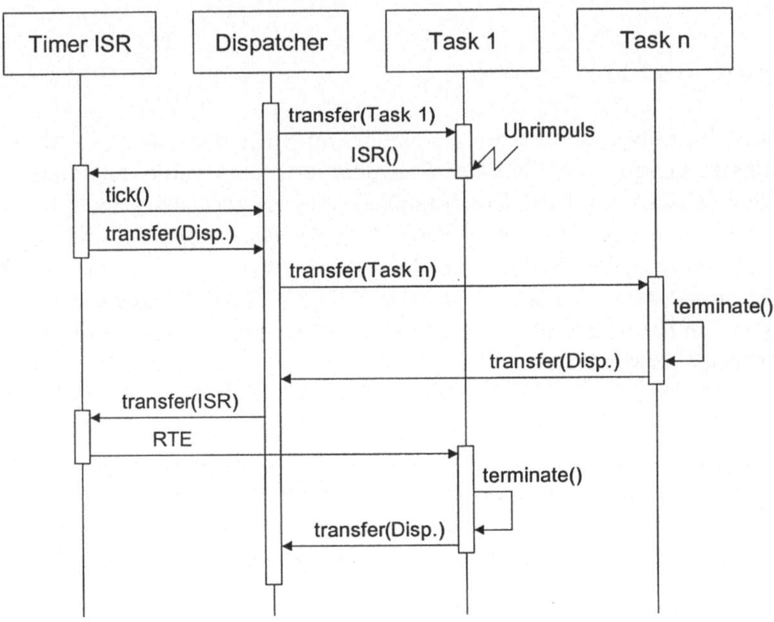

Abb. 3. Interaktionsdiagramm eines typischen Scenarios

Es besteht aus folgenden Ablaufschritten:

1. Die Verwaltungseinheit `Dispatcher` findet die höchstpriore Task und startet sie über die Methode `transfer()`.
2. Die Task wird durch den Interrupt des Zeitgebers unterbrochen; dadurch wird die vorgesehene Interruptserviceroutine `ISR()` aufgerufen.

3. Nach Löschen der Interruptursache ruft die Interruptserviceroutine die Zeitverwaltung `Dispatcher::tick()` auf. Sie dekrementiert die Zeitzählervariablen aller aktiven Tasks und markiert sie gegebenenfalls als `bereit` bzw. entfernt zeitabhängige Blockierungen.
4. Per Kontextwechsel wird die Kontrolle an `Dispatcher` übergeben. So wird das Suchen nach einer bereiten Task und das Starten über `transfer()`- Methode erneut abgearbeitet. Möglicherweise wird nun eine andere Task gestartet, die im Schritt 3 als `bereit` markiert wurde.
5. Zu einem späteren Zeitpunkt wählt der Scheduler wieder die vorher unterbrochene Task aus. Der Kontextwechsel setzt den Programmzähler auf die Stelle in der Interruptserviceroutine, die auf den im Schritt 4 ausgeführten Befehl zum Kontextwechsel folgt.
6. Man kehrt aus der Interruptserviceroutine mit `RTE` zurück; die Bearbeitung der `run()`- Methode der Task wird fortgesetzt.
7. Der Taskcode ist vollständig abgelaufen; die `terminate()`- Methode gibt per Kontextwechsel die Kontrolle an `Dispatcher` zurück.

4.3 Einsatz von STL

Bereits in der Entwurfsphase war ersichtlich, an welchen Stellen STL-Komponenten zum Einsatz kommen können. Der Container `vector` wurde zur Realisierung der verschiedenen Listen im Betriebssystemkern eingesetzt. Dabei handelt es sich unter anderem um den Taskverwaltungsblock `TCB`, der Referenzen auf alle angemeldeten Tasks enthält. Im Falle des Taskverwaltungsblocks wurde bereits eine Vererbungsbeziehung zum STL-Container hergestellt, d.h. der Taskverwaltungsblock erbt alle Eigenschaften der Klasse `vector` und fügt weitere hinzu. Dabei wird das `Singleton` - Muster verwendet.

Bei der Suche nach der höchstprioren bereiten Task kam der Algorithmus `min_element` zur Anwendung. Er erhält als Parameter eine Funktion, die das Vergleichskriterium für Taskobjekte implementiert, und operiert auf dem Taskverwaltungsblock. Ebenfalls sehr hilfreich ist der `for_each` - Algorithmus, der es erlaubt, eine Funktion, die auch hier als Parameter übergeben wird, für jedes Element eines Containers auszuführen.

5 Analysen und Messungen

Nach abgeschlossener Implementation des Betriebssystemkerns wurde die Einsetzbarkeit der STL und der objektorientierten Entwicklungsmethoden im Echtzeitbetriebssystem anhand des Bedarfs an Rechenzeit sowie Speicher zu beurteilt. Beide Größen sind für den Einsatz in eingebetteten Systemen wesentlich. Alle Messungen wurden auf einem Einplatinenrechner mit einem MC68000-Prozessor durchgeführt.

5.1 Laufzeitmessungen

Bei den Laufzeitmessungen dienten als Meßwerkzeuge zwei gewöhnliche Funktionen, mit denen ein Zeitgeberbaustein gestartet, gestoppt und ausgelesen wird. Die Messungen wurden mehrfach mit verschiedener Anzahl angemeldeter Benutzertasks durchgeführt. Tabelle 1 dokumentiert die durchgeführten Messungen für typische Größen. Die minimale Anzahl benötigter Benutzertasks hängt von jedem einzelnen Fall ab, da jeweils zumindest die an der Messung beteiligten Tasks vorhanden sein müssen.

Tabelle 1. Laufzeitverhalten typischer Größen

Anzahl der Benutzertasks	Minimal	5	10	15	20
Interrupt-Antwortzeit [μs]	272	336	416	496	576
Taskwechselzeit [μs]	236	284	364	444	524
Ping Suspend/Resume [μs]	548	644	804	964	1124
Anmeldung einer Task [μs]	1524	1660	1796	1932	2068
Abm. zuerst angemeld. [μs]	272	336	416	496	576
Abm. zuletzt angemeld. [μs]	236	284	364	444	524

Bei der Abmeldung einer Task ist es interessant zu wissen, welche Position die betreffende Task im Taskverwaltungsblock belegt, da der gewählte STL-Container die Daten sequentiell in einem zusammenhängenden Speicherblock hält. Beim Löschen eines Elements, das nahe am Listenanfang steht, sind aufwendigere Reorganisationsmaßnahmen erforderlich als beim Löschen vom Listenende. Letztere Position wird stets von der Task belegt, die zuletzt angemeldet wurde. Bei der Messung wurden beide Extremfälle betrachtet.

Zum Vergleich: die Interrupt-Antwortzeit beim prozeduralen Betriebssystemkern beträgt 204μs bei 4 angemeldeten Benutzertasks; die Ping Suspend/Resume-Zeit 412μs bei 5 angemeldeten Benutzertasks. Weitere Vergleichswerte standen nicht zur Verfügung.

Tabelle 2 dokumentiert die Taskaktivierungszeiten bei den spezifizierten Aktivierungsmethoden. Die meisten Größen sind von der Anzahl insgesamt angemeldeter Benutzertasks unabhängig, da bei den entsprechenden Aktivierungsmethoden lediglich eine Korrektur im Taskverwaltungsblock vorgenommen wird. Andere Methoden führen jedoch zum sofortigen Bereitwerden einer Task. Ist dies der Fall, so wird die Verwaltungseinheit aufgerufen, damit der neuen Task sofort der Prozessor zugeteilt werden kann, falls sie eine höhere Priorität als die aktivierende Task besitzt. Deshalb kommt es innerhalb des gemessenen Zeitraumes zu einer Suche nach der höchstprioren bereiten Task, deren Dauer von der Anzahl insgesamt angemeldeter Tasks abhängt.

Tabelle 2. Laufzeiten der Aktivierung einer Task

Anzahl der Benutzertasks	Minimal	5	10	15	20
Sofort, einmalig [µs]	292	416	544	672	796
Sofort, zyklisch [µs]	308	436	560	686	816
Zeitversetzt, einmalig [µs]	84	84	84	84	84
Zeitversetzt, zyklisch [µs]	100	100	100	100	100
Festes Datum, einmalig [µs]	288	288	288	288	288
Festes Datum, zyklisch [µs]	308	308	308	308	308
Interruptabhängig [µs]	200	200	200	200	200

Wo es möglich war, wurden Vergleiche mit einem in C und Assembler implementierten Echtzeitbetriebssystem angestellt. Die Dauer der oben genannten Operationen war demnach beim objektorientierten Betriebssystemkern zumeist um den Faktor 1.5 bis 2 länger als beim Herkömmlichen. Offensichtliche Gründe für schlechteres Zeitverhalten sind der fast vollständige Verzicht auf hardwareabhängige Assemblermodule und die dynamische Bindung. Sie benötigt beim verwendeten C++-Compiler sieben Maschinenbefehle pro Funktionsaufruf im Vergleich zu einem Maschinenbefehl bei statisch gebundenen Funktionen.

Das Ersetzen eines STL-Algorithmus durch ein von Hand programmiertes, optimal angepaßtes Modul brachte keinen großen Vorteil. Dieses bestätigte die viel zitierte effiziente Implementation der STL Komponenten.

5.2 Betrachtung des Speicherverhaltens

Die Standard Template Library kann ohne genaue Kenntnis ihrer Speicherzuordnungsstrategien eingesetzt werden, es kann hierbei in speicherkritischen Umgebungen zu Problemen führen. Verschiedene Containerobjekte belegen schon beim Hinzufügen des ersten Elements einen recht großen Speicherblock, in dem später noch viele weitere Elemente Platz finden können. Wird die Größe dieses Blocks nicht den Anforderungen angepaßt, so wird sehr viel Speicherplatz verschwendet. Die Größe des zu verwaltenden Speicherblocks kann über die Elementfunktion `reserve()` eingestellt werden. In anderen Fällen muß der Standardallokator durch einen anderen, speziell angepaßten Allokator ersetzt werden.

Eine weitere sehr wichtige Kenngröße ist die Größe des Betriebssystemkerns. Ohne Einbindung von STL beträgt die Größe des Betriebssystemkerns 103 Kbyte; mit Einbindung von STL 196 Kbyte. Ein Problem ist, daß die Bibliothek entweder als Ganzes oder überhaupt nicht eingebunden wird. Eine Gliederung in unabhängig voneinander einsetzbare Komponenten wäre hier wünschenswert. Die Größe des Kernels wurde durch den Verzicht auf die C++ Ausnahmebehandlung um 47 Kbyte reduziert.

6 Zusammenfassung

Abschließend kann gesagt werden, daß es auf die Frage nach der Einsetzbarkeit der STL in Echtzeitystemen keine eindeutige Antwort gibt. Das Zeitverhalten der Bibliotheksfunktionen überrascht positiv; das dynamische Speicherverhalten kann in den meisten Fällen den speziellen Bedürfnissen angepaßt werden. Problematisch und für viele Anwendungen möglicherweise nicht akzeptabel ist jedoch die Größe des Programms, die durch die Einbindung der STL gewaltig anwächst. Entscheidend ist also in jedem Fall die Umgebung, für die das Programm entwickelt wird. "Während früher die realisierbare Funktionalität und Komplexität durch die Leistungsfähigkeit der Hardware begrenzt wurde, erweist sich heute zunehmend die Softwareentwicklungsmethodik als maßgebliche Einflußgröße (...)" [11].

Literatur

1. Rumbaugh, J.: OMT: The Object Model; Journal of Object-Oriented Programming; January 1995; S. 21-27
2. Henricson, M.; Nyquist, E.: Industrial Strength C++; Prentice Hall 1997; ISBN 0-13-120965-5
3. Dietrich, D.; Jovalekic, S.: Konstruktion wiederverwendbarer objektorientierter Echtzeitsoftware unter Verwendung von Entwurfsmustern; Kongreß Echtzeit'96, Karlsruhe 18-20. Juni 1996; Franzis Verlag, ISBN 3-7723-2502-5, S. 73-79
4. Stepanov, A; Lee, M.: The Standard Template Library; ISO Programming Language C++ Project, Doc.No. X3J16/94-0095, WG21/N0482, May 1994
5. Buschmann, F.; Meunier, R.; Rohnert, H.; Sommerlad, P; Stal, M.: Pattern-Oriented Software Architecture - A System of Patterns, John Wiley & Sons 1996, ISBN 0-471-95869-7
6. Conrad, M; Jovalekic, S.: Einsatz und Bewertung von objektorientierten Entwurfsmustern bei der Auswahluntersuchung eines Echtzeitbetriebssystems; Kongreß Echtzeit'97, Wiesbaden 9-11. September 1997; veranstaltet von Elektronik, S. 68-73
7. Gamma, E.; Helm, R.; Johnson, R.; Vlissides, J.: Design Patterns; Addison-Wesley, 1995; ISBN 0-201-63361-2
8. Coplien, J.O.: Advanced C++ Programmming Styles and Idioms, Addison Wesley Publishing Company 1992, ISBN 0-201-54855-0
9. Glass, G.; Schuchert, B.: The STL <PRIMER>; Prentice Hall 1996; ISBN 0-13-454976-7
10. Jovalekic,S.; Knittel, P.: Objektorientierte Softwarekonstruktion für Echtzeitsysteme, Tagungsband zum Kongreß Echtzeit'95, ISBN 3-924651-46-9, S. 13-21
11. Poledna, S.; Mocken, T.; Schiemann, J.: Prozessorzuteilungsstrategie und Interprozeßkommunikation in ERCOS, einem Echtzeitbetriebssystem für Automobilanwendungen; Informatik Forschung und Entwicklung, Band 12, Heft 4, Seiten 206ff.; Springer-Verlag, 1997

Analyse & Design von Echtzeitsystemen mit UML

Ein Erfahrungsbericht aus der Ausbildung

Reinhard Baran und Heiner Kaltenhäuser
Fachhochschule Hamburg
Fachbereich E/I
Berliner Tor 3
20099 Hamburg

1. Einleitung

Die UML (Unified Modeling Language) ist eine Sprache für Analyse und Design von objektorientierten Systemen. Sie ist zur Standardisierung vorgelegt und unterstützt durch ihre Vielfalt an Modellierungselementen und Notationsformen ein breites Anwendungsspektrum. An der Fachhochschule Hamburg wurde diese Methode in diversen Lehrveranstaltungen und Projekten vermittelt und eingesetzt. Dieser Vortrag soll die Eigenschaften dieser Methode für die Analyse und das Design von Echtzeitsystemen untersuchen. Er stützt sich auf die Erfahrungen aus drei Projekten und zwei Kursen über Softwareengineering.

2. Projektablauf

Der Projektablauf wurde durch eine (in der Ausbildung typische) Randbedingung geprägt: Für Voruntersuchungen, Analyse, Design, Implementation und Test standen acht halbe Tage zur Verfügung.
Daraus ergab sich zwingend folgender Zeitplan:

- Entwickler- Kunden Gespräch
- Modellierung
- Prototyp Design
- Entwickler- Kunden Gespräch
- Modellverfeinerung & Implementation
- Inbetriebnahme & Test

2.1. Entwickler- Kunden Gespräch

Die Teilnehmer nehmen hier abwechselnd die Rolle des Entwicklers und des Kunden ein um, eine solche Gesprächssituation zu erhalten. Das Ziel dieses Gesprächs ist es ein möglichst verbindliches Pflichtenheft mit einer weitgehend sauberen Problembeschreibung zu erstellen. Dieses Pflichtenheft ist eine grundlegende Voraussetzung für den Einstieg in die Analyse. Obwohl dieser Teil sehr viel wichtige Aspekte hat (soziologische, rechtliche..., siehe[1]) möchte ich ihn hier nicht weiter vertiefen.

2.2. Modellierung

In UML kann ein Projekt von verschiedenen Blickrichtungen aus modelliert werden: Das „Use Case View", das „Deployment View", das „Component View" und das „Logical View". Hier möchte ich mich auf das „Logical View" beschränken, das die relevanten Diagramme für das Modellieren von Echtzeitsystemen enthält. Sofort nach dem Entwickler Kunden Gespräch (möglichst noch am gleichen Tag) wird ein Klassendiagramm erstellt, in dem festgehalten wird, welche Begriffe aus der Problembeschreibung bzw. dem Pflichtenheft aus welchen Funktionen und Daten bestehen. Darüber hinaus werden alle Szenarien die in dem Entwickler- Kunden Gespräch verbal formuliert wurden in Sequenzdiagrammen festgehalten. Sie zeigen wie die Objekte aus den vorher festgelegten Klassen auf externe Ereignisse reagieren.

2.3. Prototyp Design

Nach Möglichkeit sollten die Ergebnisse der ersten Modellbildung in einem Prototypen implementiert werden. Das ist insbesondere bei Bedienoberflächen hilfreich. Diese Prototypen können oft leicht erstellt werden, ohne daß der reale Prozeß zur Verfügung stehen muß. Bei Steuerungen ist das nicht so einfach (aber auch nicht so sinnvoll) hier sollten eher für die einzelnen Klassen erste Zustandsdiagramme erstellt werden.

2.4. Entwickler- Kunden Gespräch

In einem weiteren Gespräch (normalerweise Anfang des zweiten Praktikumtermins) werden die Ergebnisse des Prototyp Designs noch einmal mit den Vorstellungen des Kunden verglichen und das Pflichtenheft überarbeitet. Danach sind (wegen der Randbedingungen dieser Lehrveranstaltung) nur noch geringfügige Änderungen des Pflichtenheftes möglich.

2.5. Modellverfeinerung & Implementation

In den darauffolgenden Terminen wird das Modell immer weiter vervollständigt: Es wird versucht möglichst alle Operationen zu identifizieren, Vererbungsstrukturen zu finden, und mit Hilfe von genauen Zustandsdiagrammen, Sequenzdiagrammen, Aktivitätsdiagrammen und Zusammenarbeitsdiagrammen das dynamische Verhalten des Systems zu definieren. Hier sollte auch zunehmend mit der Implementation begonnen und Reviews durchgeführtr werden. So können frühzeitig Inkonsistenzen in der Modellierung erkannt werden.

2.6. Inbetriebnahme & Test

Der letzte Termin dient dazu das Projekt mit einem realen Test zu beenden, Erfahrungen auszutauschen und alles abschließen bewerten zu können.

3. Die Notation

UML bietet eine Reihe von Modellen und Diagrammen zur Analyse von Softwaresystemen, die hier kurz vorgestellt werden sollen, insbesondere die für die Modellierung von Echtzeitsystemen relevanten.

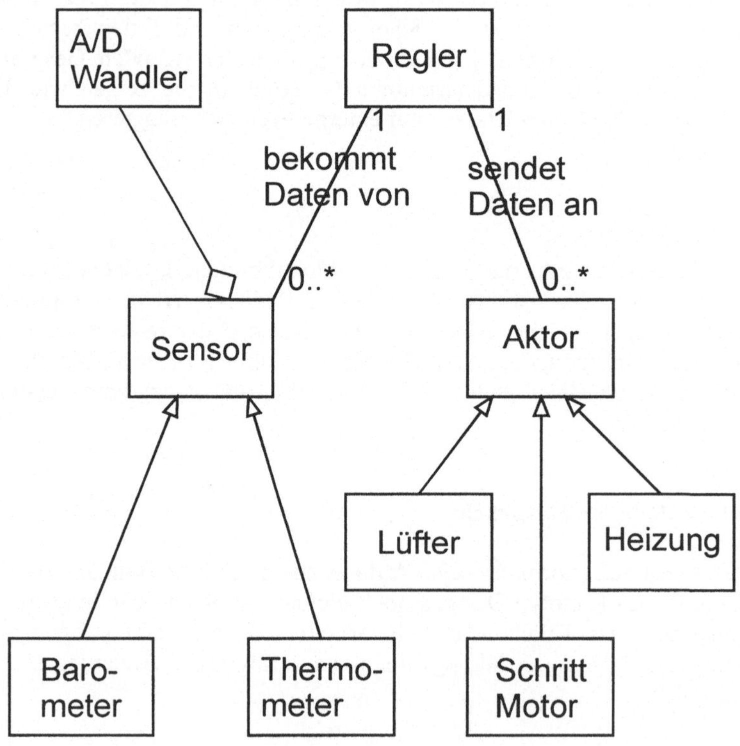

Abb. 1: ein einfaches Sensor/Aktor/Regler System.

3.1. Klassendiagramme

Bei der objektorientierten Modellierung spielen die Klassendiagramme eine zentrale Rolle. Hier können die relevanten Fakten aus Pflichtenheft und Problembeschreibung festgehalten und strukturiert werden. So werden hier Daten und Funktionen zu Klassen zusammengefaßt, sowie die Beziehung zwischen den Klassen bestimmt. Es gibt viele Ansätze für diese Modellbildung unter anderen in [2], [3], [4].
Als Beispiel soll hier kurz ein einfaches Sensor/Aktor/Regler System vorgestellt werden (aus [2]):
Die Rechtecke in Abb. 1 stellen Klassen dar. Man kann hier auch die Attribute und Operationen der Klassen angeben (wenn es der Detailierunsgrad es erfordert) Das würde beim Thermometer etwa aussehen wie in Abb. 2 dargestellt.
Man erkennt an den Attributen und Operationen schnell, daß die Klassen Lüfter, Heizung und Schrittmotor ähnliche Eigenschaften haben, so daß man in einer Oberklasse Aktor ihre Gemeinsamkeiten zusammenfassen kann. Gleiches gilt für die Klassen Barometer und Thermometer. Solche Vererrbungsbeziehungen werden durch einen Pfeil dargestellt. Es können auch andere Beziehungen modelliert werden. So gehört zu einem Sensor etwa ein A/D- Wandler. Diese Art von Aggregation wird durch eine Raute am Ende der Linie dargestellt.
Bei Assoziationen können am Ende der Verbindunglinien die Multiplizitäten angegeben werden, sie können benannt werden und es gibt andere nützliche Möglichkeiten der Beschreibung. Die Klassendiagramme stellen in der Modellierung den Echtzeitaspekt der Problems nicht dar, sie bilden aber die Basis für alle anderen Diagramme, daher sollte beim Erstellen der Klassendiagramme sehr sorgfältig vorgegangen werden.

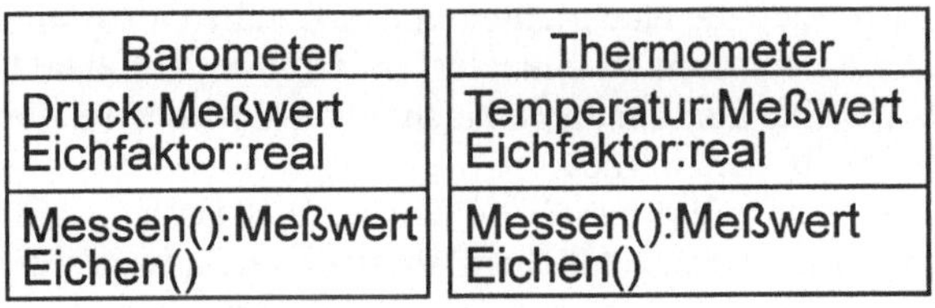

Barometer
Druck:Meßwert Eichfaktor:real
Messen():Meßwert Eichen()

Thermometer
Temperatur:Meßwert Eichfaktor:real
Messen():Meßwert Eichen()

Abb. 2 Klassensymbol für das Thermometer und Barometer mit Operationen und Attributen

3.2. Zustandsdiagramme

Die UML Zustandsdiagramme gehen auf endliche Zustandsautomaten zurück und benutzen die Notation von David Harel [5], da sie aussagekräftiger sind als die verbreiteteren Mealy- Moore- Automaten.
Sie spezifizieren das Verhalten reaktiver nebenläufiger Realzeit- Systeme durch ein Automatenmodell. Harel- Diagramme modellieren Mealy- und Moore- Automaten und bringen als Erneuerung die Möglichkeit diese Automatenmodelle hierarchisch zu

schachteln. Sie sind ein eigenständiges Konzept der Realtime- Systeme und unabhängig von objektorientierten Konzepten.
In einigen objektorientierten Analyse- und Design- Systemen sind die Harel- Diagramme zur Verhaltensspezifikation von Objekten aufgenommen worden. So in dem Methoden von Booch[4], OMT[3], ROOM[6] und UML.[2].
Es ist sinnvoll in der weiteren Diskussion streng zwischen den Fähigkeiten und dem Verhalten eines Objektes zu unterscheiden. Die Fähigkeiten eines Objektes dokumentieren sich in den Methoden und den extern sichtbaren Attributen eines Objektes Das Verhalten eines Objektes dokumentiert sich in der Ausführung externer Zugriffe (Methodenaufrufe). Das Verhalten beinhaltet Prüfungen, ob der Zugriff im momentanen Objektzustand (oder auch Objekt- Environement) erlaubt werden kann, wie die Methode in der aktuellen Situation zur Ausführung kommt und wird das Objekt bei der Ausführung mit anderen Objekten kooperiert.
Hier gibt es die ersten grundsätzlichen Schwierigkeiten. Werden im Kontext einer Methode die Objekte als Datenabstraktionen aufgefaßt (wie im Klassendiagramm), dann ergeben sich Differenzen zwischen dem Objektkonzept und dem Konzept der Harel- Diagramme. Objekte sind passive Datenstrukturen und werden mit einem externen sequentiellen Kontrollfluß aktiviert , während Harel- Diagramme von Einheiten mit einem eigenständigen und gegebenenfalls in synchronisierten Nebenläufigkeiten aufspaltbaren Kontrollfluß ausgehen. Diese Differenz muß durch eine saubere Semantikdefinition beseitigt werden, was z.B. in OMT unterbleibt. In UML geschieht dies durch Zusammenarbeitsdiagramme.
In der ROOM- Methode ist dies durch die Einführung der neuen Objekttypen Autoren und die Kanäle gelöst. Die Aktoren sind eigenständige Systeme mit einem eigenen Kontrollfluß. Aktoren arbeiten unabhängig und asynchron zu einander. Aktoren werden durch Kanäle miteinander verbunden. Die Kanäle sind Objekte zum Transport von Nachrichtenobjekten. Das Verhalten der Aktoren wird durch die Harel- Diagramme spezifiziert. Dabei werden die Nachrichten in den Kanälen als Ereignisse interpretiert. Diese beiden Konzepte passen zu einander. Im Grunde faßt man Tasks eines Multitaskingsystems als Objekte auf, die durch Nachrichtenkanäle kommunizieren, die wiederum als Objekte spezifiziert werden.
Eine weitere Schwierigkeit liegt in der Vererbung. Die Konzepte (Klassendiagramme & Harel- Diagramme) basieren auf unterschiedlichen Ansätzen. Relativ problemlos gestaltet sich die Situation, wenn die Unterklasse eigene neue Attribute und Methoden einführt. Dann kann u.U. die Unterklasse Zustände der Oberklasse verfeinern. Aber ungeklärt sind Situationen, in denen Methoden der Oberklasse neu definiert werden, also eine neue Implementation und/oder Spezifikation erhalten. Sie verkompliziert sich noch bei einer Mehrfachvererbung, wenn z.B. die Methoden einer Oberklasse durch die neue Unterklasse versteckt werden.
Das Problem der Vererbung wird in ROOM dadurch gelöst, das diesbezüglich sinnvolle Einschränkungen gemacht werden

3.3. Sequenzdiagramme

Eine Sequenzdiagramm zeigt eine Menge von Interaktionen zwischen einer Menge ausgewählter Objekte in einer bestimmten begrenzten Situation (Kontext) unter Betonung der zeitlichen Abfolge. Sie beinhalten einfache Nachrichten, Synchronisations-

nachrichten, Guard- Bedingungen, sowie Return- Nachrichten. Es zeigt welche an einem Szenario beteiligten Objekte wann existieren und wann sie aktiv sind. Ein Beispiel für ein Sequenzdiagramm ist in Abbildung 3 dargestellt.
Zeitliche Einschränkungen können mit Hilfe von Marken und geneigten Nachrichtepfeilen spezifiziert werden.

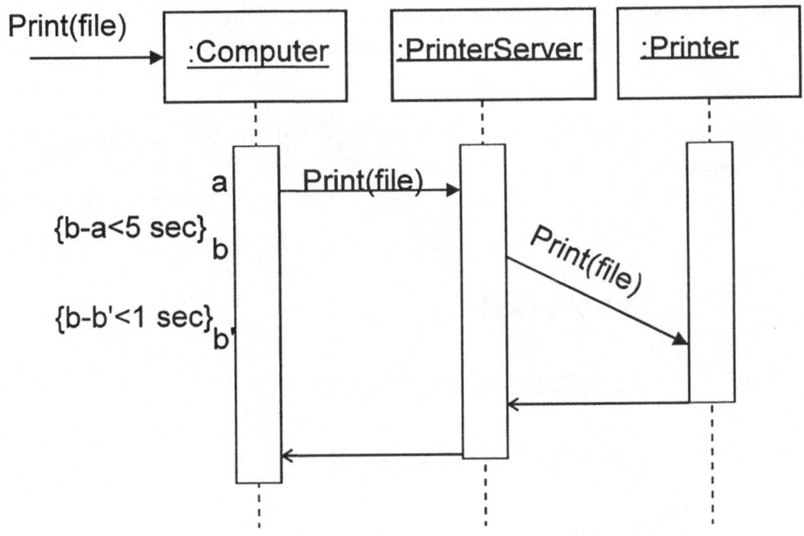

Abbildung 3: Szenario für das Ausführen eines Druckjobs (aus [7])

Sequenzdiagramme können in generischer Form oder in Instanzform dargestellt werden. In der Instanzform gibt es keine Bedingungen, Verzweigungen und Schleifen. Sie beschreibt genau ein spezifisches Szenario im Detail. Die generische Form erlaubt auch Alternativen

3.4. Zusammenarbeitsdiagramme

Ein Zusammenarbeitssdiagramm zeigt eine Menge von Interaktionen zwischen einer Menge ausgewählter Objekte in einer bestimmten begrenzten Situation (Kontext) unter Betonung der Beziehungen zwischen den Objekten und ihrer Topographie. Diese Diagramme sind übersichtlicher und vollständiger als die Sequenzdiagramme, besonders wenn sehr viele Objekte beteiligt sind. Allerdings zeigen sie nicht den zeitlichen Ablauf der Szenarios. Die Synchronisation wird durch 5 verschiedene Nachrichtentypen dargestellt:

einfach, sequentiell (Simple Call) Solche Nachrichten werden modelliert, wenn die Synchronisation noch nicht spezifiziert ist oder wenn es sich um eine sequentielle Nachricht handelt (Function Call Semantik)

synchron (Synchronous Rendezvous) Dieser Mechanismus liegt vor, wenn der Sender darauf wartet, daß der Empfänger die Nachricht akzeptiert, bevor er weiterarbeitet.
zeitabhängig (Timeout Rendevous) Dieser Nachrichtentyp wird benutzt, wenn der Sender eine festgelegte Zeit darauf wartet, daß der Empfänger die Nachricht annimmt.
eingeschränkt (Balking Rendezvous) Solche Nachrichten werden modelliert, wenn der Sender sofort abbricht sollte der Empfänger nicht bereit sein.
asynchron (Asynchronous) Eine asynchrone Nachricht bedeutet, daß der Sender die Nachricht verschickt und sofort weiterarbeitet, ohne zu warten, daß der Empfang bestätigt wird.

Die Notation für diese Nachrichtentypen geht auf Arbeiten von Booch zurück und ist in Abbildung 4 dargestellt

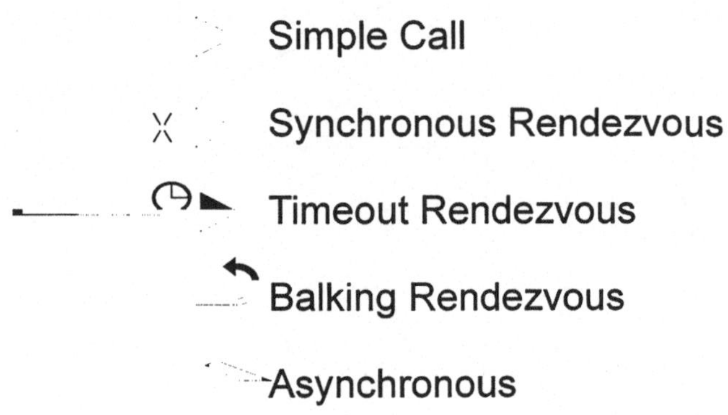

Abb. 4: Die Nachrichtensychronisation in UML

Auf diese Art und Weise kann die semantische Lücke zwischen Klassendiagramm und Harel Charts geschlossen werden.

3.5. Aktivitätsdiagramme

Eine weitere interessante Möglichkeit von UML sind die Aktivitätsdiagramme, die hier aber nicht weiter behandelt werden sollen.

4. Projekte

Die Methode wurde im Rahmen der Lehrveranstaltung Softwareengineering und in Wahlpflicht Veranstaltungen in mehreren verschiedenen Projekten angewendet:

- Steuerung eines Handhabungsautomaten mit Hilfe eines Echtzeitsystems
- Steuerung einer Modelleisenbahn mit Hilfe eines Echtzeitsystems
- Anbindung eines gängigen SCADA Systems an diese Steuerungen
- Entwurf von Bedienoberflächen in C++ für diese Systeme

5. Erfahrungen

In diesen Projekten wurden Erfahrung über eine Vielzahl von Fragen gesammelt:

5.1. Welche Rolle spielt Objektorientierung für die Ausbildung in Echtzeitprogrammierung?

Jeder Programmierer sollte heutzutage objektorientiert modellieren und programmieren können.

5.2. Inwieweit ist Softwareengineering im Studium praktisch vermittelbar?

Die Projekte, die ein Student während des Studiums bearbeitet sind oft so klein, daß es nicht einsichtig ist warum es hilfreich ist einen komplexen Formalismus durchzuführen. Gerade UML sollte hier vielleicht etwas unkonventionell benutzt werden. So kann für die Modellierung eines Benutzerdialogs ein Klassen Diagramm sehr hilfreich sein. Die Steuerung eines Handhabungsautomaten läßt sich eher mit Hilfe von Harel Diagrammen modellieren. Es kann durchaus (theoretisch) deutlich gemacht werden, daß in komplexen Projekten der komplette Formalismus durchgeführt werden muß. Praktisch wird der Student in der Regel nur einen Teil der Diagramme erstellen können.

5.3. Welche Hardwareumgebung ist für diese Fragestellungen geeignet?

Um Projekte mit der nötigen Komplexität zu modellieren sollte für die Design und Implementationsphase auch eine entsprechene Hardwareumgebung zur Verfügung stehen. So sollte zumindest ein zu steuernder Prozeß vorhanden sein (Simulation eines technischen Prozesse ist an der Stelle frustrierend). Ein Echtzeitrechner mit entsprechendem Betriebssystem ist an der Stelle unabdingbar. Sollen die Studenten dann noch mit den objektorientierten Konzepten vertraut gemacht werden, ist ein zusätzlicher Rechner hilfreich, auf dem dann Software implementiert werden kann, an die auch andere Anforderungen (wie Prozeßvisualisierung, Logistik, Rezeptverwaltong o. ä.) gestellt werden können. So ist etwa ein System zur Prozeßvisualisierung durchaus geeignet.

5.4. Ist UML die richtige Methode?

UML hat mit seinen Diagrammen viele Möglichkeiten Echtzeitsysteme zu modellieren. Wohl ist das aber nicht das Haupteinsatzgebiet von UML. Methoden wie ROOM sind da vielleicht besser geeignet. In der Ausbildung sollten die Studenten aber nicht auf das Modellieren von Echtzeitsystemen beschränkt sein. So ist waren die Erfahrungen mit UML trotz der Einschränkungen im Echtzeitbereich im ganzen positiv.

6. Ausblick

Zur Zeit findet in einigen Randgebieten der Echtzeitprogrammierung eine beachtliche Entwicklung statt, die auch auf die Analysemethoden einen starken Einfuß haben, insbesondere geht der Trend immer mehr dahin Objekte Netzwerkweit zu verteilen (OPC-OLE for Process Control, Bedienoberflächen als Java/CGI Programme, Fernwartung und Ferndiagnose seien nur als Stichworte erwähnt). Für die Analyse heißt das, daß man sich sehr genau über die physkalische Architektur des Gesamtsystems Gedanken machen muß. Hier bietet UML mit ihren Komponentendiagrammen und Verteilunsdiagrammen mächtige Hilfsmittel für Analyse und Design.

Literatur

[1] Angela Sack-Hauchwitz, Jörg Raasch: Kooperation, Kommunikation, Präsentation: Lernziele im Software-Engineering-Projekt. Vortrag SEUH '97. In: Software Engineering im Unterricht der Hochschulen SEUH'97. Workshop des German Chapter of the ACM mit der Gesellschaft für Informatik (GI) am 27. und 28.Februar 1997 in Rostock. Stuttgart: Teubner, 1997 (Berichte des German Chapter of the ACM ; Bd 48) S. 34-44.

[2] Bruce Powell Douglass, Real time UML: developing efficien objects for embedded systems, Addison-Wesley, 1998

[3] James Rumbaugh, Objektorientiertes Modellieren und Entwerfen, Hanser 1994

[4]Grady Booch, Objektorientierte Analyse und Design Addison- Wesley 1995

[5] D. Harel, State Charts: Visual formalism for complex systems, Sience of Computer Programming 8 Jul 1987 p231-274

[6] B. Selic, G. Gullekson, P. T. Ward, Real time object oriented modeling, Wiley&Sons Professional Computing 1994

[7] Hans-Eric Eriksson, UML Toolkit, Wiley&Sons 1998

Kommunizieren mit PEARL90: BSD-Socket als Prozeßperipherie

Armin Pollak, Helmut Rzehak

Institut für Informationstechnische Systeme 3.3
Universität der Bundeswehr
85577 Neubiberg
email: {pollak,rz}@informatik.unibw-muenchen.de

Zusammenfassung Mit dem Einsatz der Programmiersprache PEARL in der Ausbildung lassen sich wichtige Prinzipien der Informatik sehr gut vermitteln, insbesondere eine Interprozeßkommunikation wird von dem Sprachkonzept hervorragend unterstützt. Für eine Kommunikation über Rechnergrenzen hinweg stehen jedoch weder direkte Sprachmittel noch PEARL Bibliotheken zur Verfügung.
Mit diesem Beitrag zeigen wir, wie durch eine einfache Erweiterung des DATION-Konzeptes von PEARL eine Interprozeßkommunikation auch über Rechnergrenzen hinaus realisiert werden kann. Die eingesetzte Infrastruktur für die Kommunikation wird detailliert vorgestellt und das umgesetzte Konzept an Hand von aussagekräftigen Beispielen und möglichen Einsatzszenarien aufgezeigt.

1 Motivation

Der Einsatz von PEARL[1] in der Ausbildung an der Universität der Bundeswehr in München hat sich bewährt. Grundsätzliche Prinzipien der Informatik wie Nebenläufigkeit oder Interprozeßkommunikation können durch das Lösen einfacher Aufgaben effektiv und leicht verständlich vermittelt werden. Bei dem Versuch reale Szenarien in Aufgaben abzubilden, stößt man jedoch an die Grenzen von PEARL: es stehen keinerlei Mechanismen für eine Interprozeßkommunikation über Rechnergrenzen hinweg zur Verfügung.

Wird PEARL in einer LAN basierten Umgebung eingesetzt, zeigt sich diese Grenze in starkem Maße, da auf den zugehörigen Betriebssystemplattformen wie OS/2 oder verschiedenen UNIX Derivaten eine Kommunikation schon auf Betriebssystemebene verfügbar wäre. Daher liegt der Gedanke nahe, die vorhandenen Möglichkeiten des Betriebssystems in PEARL abzubilden. Es ist wünschenswert bei dieser Einbindung neuer Funktionalität eine Abhängigkeit vom Betriebssystem zu vermeiden (wegen einer möglichen Portierbarkeit) und keinen Bruch mit dem Konzept von PEARL herbeizuführen.

Mit diesem Beitrag zeigen wir auf, wie PEARL um die Interprozeßkommunikation über Rechnergrenzen hinweg erweitert werden kann. Die notwendigen

[1] Mit PEARL ist in diesem Bericht das Sprachkonzept gemeint, mit PEARL90 die an unserem Institut eingesetzte Laufzeitumgebung der Firma Werum.

Hintergrundinformationen stellen wir in Kapitel 2 vor, in Kapitel 3 ist das abgeleitete Konzept und die durchgeführte Implementierung beschrieben. In Kapitel 4 stellen wir unsere Erfahrungen vor und weisen auf mögliche Erweiterungen hin.

2 Hintergrund und Vorgaben

Eine Erweiterung der Interprozeßkommunikation unter PEARL muß sich auf verfügbare Funktionen der Arbeitsumgebung abstützen, um aufwendige Eigenentwicklung (Treiber, Protokollmaschinen) zu vermeiden. Für die an unserem Institut eingesetzte OS/2 Umgebung ergaben sich daraus folgende Vorgaben:

- Die Kommunikation zwischen den Rechnern erfolgt mittels TCP/IP und wird direkt vom Betriebssystem (OS/2 ab Version 3) zur Verfügung gestellt.
- Für die Programmierung in PEARL kommt, wie eingangs erwähnt, der Compiler und die Laufzeitumgebung PEARL90 der Firma Werum zum Einsatz.

Mit diesen Vorgaben stehen die in den folgenden Kapiteln 2.1 (Kommunikation mit TCP/IP), 2.2 (I/O Konzept PEARL) und 2.3 (benutzerspezifische Erweiterung PEARL90) dargestellten Hilfsmittel zur Verfügung, die für die Realisierung der Erweiterung eingesetzt werden können.

2.1 BSD Sockets und das Betriebssystem

Sockets bieten eine einfache Möglichkeit, bidirektionale Verbindungen zwischen einem Client und einem Server aufzubauen. Der Name Socket steht dabei eigentlich für den Endpunkt einer Verbindung, hat sich aber als Begriff für die Kommunikation selbst eingebürgert. Die Programmierung einer Kommunikation mit Socket setzt auf einem vom Betriebssystem bereitgestellten Application Programming Interface (API), einem Satz von Funktionen und Schnittstellenbeschreibungen (siehe auch [4]), auf. Es stehen verbindungslose (Sockettyp DATAGRAM) und verbindungsorientierte (Sockettyp STREAM) Sockets für die Domänen INET (Internet, TCP/IP) und LOCAL (lokal, auf einem Rechner) zur Verfügung[2]. Es wird zwischen Empfänger und Sender unterschieden, die über verschiedene Funktionen zu programmieren sind. Für eine ausführliche Beschreibung sei auf einschlägige Literatur, u.v.a. [3], verwiesen.

2.2 DATION

PEARL ermöglicht den Austausch von Daten mit der Außenwelt über logische Geräte (Prozeßperipherie, sogenannten `DATION`s). Eine `DATION` wird innerhalb eines PEARL Programms statisch vereinbart, die dynamische Erzeugung einer `DATION` ist nicht möglich. Mit der Deklaration werden die erforderlichen Ressourcen und Kommunikationsstrukturen für den Zugriff auf das Gerät innerhalb der Laufzeitumgebung bereitgestellt. Für den Zugriff aus PEARL auf eine

[2] Die API Realisierung unter OS/2 würde noch Sockets für NETBIOS anbieten!

DATION ist diese zuerst mit **OPEN** zu öffnen. Beim Öffnen erfolgt die Initialisierung der Kommunikation des Gerätes mit der Laufzeitumgebung. Der Zugriff auf die **DATION** (Lesen, Schreiben) richtet sich nach der Art des Gerätes und dem Datentyp. Es sind die Arten **IN** (Lesen) und **OUT** (Schreiben) sowie **INOUT** (Lesen und Schreiben) verfügbar. Als Datentypen können **ALPHIC** (alphanumerische Zeichen), **BASIC** (ohne Interpretation) oder benutzerdefiniert verwendet werden.

2.3 offene Treiberschnittstelle

Die Erweiterung der Prozeßperipherie um benutzerspezifische Geräte ist im Sprachkonzept von PEARL90 vorgesehen ([6], [7], [5]). Benutzerspezifische Geräte erweitern die standardmäßig zur Verfügung stehenden Geräte der Laufzeitumgebung und werden in der gleichen Weise wie diese angesprochen. Ein benutzerspezifisches Gerät ist vom Datentyp **BASIC**. Es wird über die im Sprachumfang von PEARL vorgesehenen Operationen auf **DATION**s vom Datentyp **BASIC** angesprochen: **OPEN**, **CLOSE**, **TAKE** und **SEND**. Weitere Operationen sind nicht vorgesehen.
Die Bereitstellung einer **DATION** erfolgt in zwei Schritten:

1. Erstellen eines Beschreibungsmoduls in PEARL
2. Erstellen eines Treibers

Beschreibungsmodul In dem Beschreibungsmodul ist die Definition der neuen **DATION** und Deklaration der treiberabhängigen Datenstruktur durchzuführen. Die Definition muß in PEARL erfolgen und legt insbesondere den Namen der neuen **DATION** sowie deren internen Aufbau (Datentypen, Parametergrenzen) fest. Aus diesem Modul wird eine Beschreibungsdatei erzeugt, die für ein PEARL Modul, das auf die neue **DATION** zugreifen möchte, durch die Compileranweisung **-SYSTEM='Dateiname'** eingebunden werden kann.

Treiber Der eigentliche Treiber, der die Zugriffe für Öffnen, Schließen, Lesen und Schreiben der PEARL Laufzeitumgebung zur Verfügung stellt, muß programmiert werden. Er kann in PEARL erstellt werden, für den Zugriff auf das Betriebssystem bietet sich jedoch eine systemnähere Sprache wie C an.
Der Treiber kommuniziert über die im Beschreibungsmodul definierte Datenstruktur mit der Laufzeitumgebung. Über diese Datenstruktur erhält der Treiber alle Parameter, die bei den PEARL Befehlen **OPEN**, **CLOSE**, **TAKE** und **SEND** an die Laufzeitumgebung übergeben werden. Rückgabewerte an das PEARL Programm werden vom Treiber ebenfalls in die Datenstruktur eingetragen. Die Laufzeitumgebung übergibt diese Werte an die Variablen, die bei den PEARL Befehlen als Parameter angegebenen sind. Darüberhinaus ist keine weitere Möglichkeit für eine Kommunikation zwischen dem Treiber und einem PEARL Programm vorgesehen.

3 Realisierung

3.1 Konzept

Mit den im letzten Kapitel dargestellten Möglichkeiten läßt sich eine Interprozeßkommunikation über Rechnergrenzen wie folgt umsetzen: Es wird ein benutzerspezifisches Gerät, vergleichbar einem Kommunikationskanal, bereitgestellt. Die Kommunikation erfolgt über Sockets und wird mit einem Treiber realisiert, der über APIs auf die Betriebssystemebene zugreift. Aus Sicht von PEARL wird eine neue `DATION` zur Verfügung gestellt, die Einflüße der Kommunikation mit Sockets bleiben PEARL verborgen. Da Sockets für ein- und abgehende Verbindungen unterschiedlich behandelt werden, müssen jedoch zwei unterschiedliche `DATION`s bereitgestellt werden.
Zusammenfassend ergeben sich folgende Vorgaben für die Implementierung der Kommunikation mit Sockets für PEARL:

- Die Kommunikation wird über eine verbindungsorientierte Kommunikation mit Sockets (Sockettyp STREAM) der Adreßfamilie INET realisiert.
- Es wird zwischen einer eingehenden und einer abgehenden Verbindung unterschieden. Die Portnummer der Socketverbindung ist bei der Deklaration der `DATION` im Systemteil festzulegen. Die Portnummer **muß** bei der Deklaration angegeben werden, es können keine Portnummern dynamisch vergeben werden.
- Für eingehende Verbindungen steht die neue `DATION SOCK_IN`, für abgehende Verbindungen `SOCK_OUT` zur Verfügung.
- Die Verwaltung der Sockets erfolgt dynamisch im Treiber, auf PEARL Ebene sind keine Kenntnisse über Sockets sowie Zustände der Sockets notwendig.
- Es erfolgt keine Festlegung des Datenformates bei der Kommunikation.
- Bei allen Zugriffen auf die `DATION` ist der Parameter `RST` (Fehlerattribut) anzugeben. Dadurch werden Laufzeitfehler während eines Programmlaufes verhindert.

3.2 systembedingte Restriktionen

Bedingt durch die strikte Trennung zwischen PEARL und Betriebssystem ergeben sich einige Probleme bei der Realisierung des Treibers. Die daraus resultierenden Einschränkungen beeinflußen die gefundene Lösung jedoch so wenig, daß sie hier lediglich der Vollständigkeit halber erwähnt seien:

- blockierende Aufrufe
  Einige API Aufrufe sind blockierend, sie halten den Treiber und damit den ursprünglichen PEARL Befehl bis zum Eintritt eines bestimmten Zustandes an. Insbesondere das Öffnen einer `DATION SOCK_IN` wird erst mit dem Zustandekommen einer Verbindung beendet, erst im Anschluß daran wird die rufende PEARL `TASK` fortgesetzt.
  Diese blockierenden Zustände werden im Treiber jedoch nicht gesondert

berücksichtigt, da auf PEARL Ebene durch Programmierung mit verschiedenen TASKs erreicht werden kann, daß sich eine Blockierung lediglich auf den DATION Zugriff und somit nur auf eine TASK beschränkt.

- Parameterübergabe
  PEARL sieht nur wenige Parameter für den Zugriff auf DATIONs vor. Dadurch muß die Verwaltung der Sockets im Treiber so aufgesetzt werden, daß bei jedem Aufruf des Treibers ohne gesonderte Parameterübergabe die entsprechende Verbindung (Socketidentifier) eindeutig identifiziert werden kann. Dies wird erreicht, indem alle erforderlichen Informationen auf Treiberebene gespeichert werden und die Identifizierung über den auf PEARL Ebene vergebenen Namen der DATION erfolgt.
- Fehler
  Fehlerzustände werden soweit wie möglich auf Treiberebene behandelt, um die geforderte Trennung zwischen PEARL und dem Betriebssystem zu erhalten. Fehlermeldungen, die an ein PEARL Programm durchgereicht werden müssen, sind über Angabe des Parameters RST (Fehlerattribut) abzufangen, um Laufzeitfehler zu vermeiden. Bei Angabe von RST wertet die Laufzeitumgebung die auf Treiberebene aufgetretenen Fehler nicht aus, sondern überläßt dies dem rufenden PEARL Programm. Speziell timeout Fehler auf Treiberebene können so an das rufende PEARL Programm durchgereicht werden.
- lesende Zugriffe auf einen Socket
  Der Zugriff auf die DATIONs ist mit einem Polling Mechanismus auf PEARL Ebene aufzusetzen, es erfolgt keine Mitteilung (Interruptsteuerung) über eingetroffene Zeichen durch den Treiber. Die Interpretation der über einen Socket empfangenen Daten erfolgt ausschließlich im PEARL Programm, Sonderzeichen wie Zeilenende werden vom Treiber als normales Zeichen an PEARL weitergereicht. Ein lesender Zugriff auf die DATION erhält alle seit dem letzten Zugriff empfangenen Zeichen. Da der Lesezugriff blockiert werden würden, wenn keine Zeichen vorliegen, ist auf Treiberebene der entsprechende Socket als NONBLOCKING konfiguriert werden. Der Timeout beträgt 2 Sekunden, die ausgelöste Fehlermeldung kann auf PEARL Ebene abgefangen und ausgewertet werden.

3.3 Treiber

Der Treiber ist in C erstellt. Er wird eigenständig compiliert und mit den Betriebssystembibliotheken, die alle APIs für eine Kommunikation mit Sockets bereithalten, zu einer Objektdatei gebunden. Diese Objektdatei wird zu einem compilierten PEARL Modul mit den DATIONs SOCK_IN oder SOCK_OUT hinzugebunden.

Die Unterscheidung zwischen eingehendem Socket (im Folgenden als Server bezeichnet) und abgehenden Socket (Client) ist notwendig, da der Server bei erfolgter Kontaktaufnahme eines Clients einen neuen Socket öffnet, über den die Kommunikation abgewickelt wird. Eine DATION SOCK_IN beinhaltet folglich zwei Socketidentifier, von denen der zugeteilte Socketidentifier nach dem Zustandekommen einer Verbindung auf PEARL Ebene nicht sichtbar wird. Die Verwaltung dieser Informationen erfolgt im Treiber.

Im Folgenden sind die Anforderungen an die Funktionalität des Treibers, seine Abhängigkeit vom eingesetzten Betriebssystem OS/2 sowie die notwendigen Programmieraufgaben zusammengefaßt.

Funktionalität Der Treiber kann in Analogie zu den vorgegebenen Beispielen zum Einbinden neuer Geräte, die im Lieferumfang des PEARL90 Compiler enthalten sind, programmiert werden. Es sind lediglich die vier Funktionen `OPEN` für die Initialisierung und `CLOSE` für das Schließen der Sockets zur Laufzeit sowie `SEND` für den schreibenden und `TAKE` für den lesenden Zugriff bereitzustellen. Die Überprüfung des Zugriffes – Zugriff ist nur auf eine bereits geöffnete `DATION` möglich – erfolgt ausschließlich durch die Laufzeitumgebung. Konflikte beim gemeinsamen Zugriff werden nicht behandelt. Sie können, da der Treiber streng sequentiell arbeitet, nur auf PEARL Ebene auftreten und müssen dort gesondert beachtet und behandelt werden (beispielsweise mit Semaphoren).

Betriebssystemeinbindung Alle APIs für die Kommunikation mit Sockets folgen den unter UNIX üblichen Konventionen. Lediglich eine spezielle Initialisierung der Socketschnittstelle für OS/2 ist notwendig und wird mit der Funktion `sock_init` durchgeführt. Alle weiteren Funktionen für den Server (socket, bind, listen und accept), den Client (socket, connect), den Zugriff auf die geöffneten Sockets (setsockopt, ioctl, send, recv) sowie den Zugriff auf Netzressourcen (gethostbyname, gethostname, ...) stehen systemunabhängig zur Verfügung.

Programmierung Der Treiber erlaubt den Einsatz von jeweils 65535 Portnummern für eingehende und abgehende Sockets. Die Verwaltung der Sockets erfolgt mittels einer dynamischen Struktur, in die alle Verwaltungsinformation einer Socketverbindung (Socketidentifier, Hostname, Adreßinformationen) beim Öffnen der `DATION` eingetragen werden. Für einen Server ist nur die Portnummer notwendig, alle anderen Informationen werden vom Treiber eigenständig vom Betriebssystem erfragt. Einem Client ist neben der Portnummer auch der Name des Zielrechners zu übergeben, andernfalls wird ein Fehler an das PEARL Programm zurückgemeldet. Der Treiber regelt den Zugriff auf die Sockets (Auswahl korrekter Socket, Setzen von Socketoptionen) und gibt Fehlerbedingungen und Statusmeldungen über die verfügbare Datenstruktur an das PEARL Programm zurück.

3.4 Beispiele

Die Synchronisation zweier Rechner kann einfach über eine aufgebaute Verbindung realisiert werden. Der Datenaustausch ist hier nur symbolisch, für eine Synchronisation könnte er entfallen.

```
Rechner 1                           Rechner 2

SYNC: SOCK_IN;                      SYNC: SOCK_OUT;
DCL Sync DATION IN                  DCL Sync DATION OUT
    BASIC CREATED(SYNC);                BASIC CREATED(SYNC);

OPEN Sync BY RST(Fehler);           OPEN Sync BY IDF('PC.Irgend.wo'),
     RST(Fehler);

/******* Synchronisation Rechner 1 und 2 ist erfolgt! **********/

TAKE FROM Sync                      SEND TO Sync BY RST(Fehler);
     BY RST( Fehler );
CLOSE Sync;                         CLOSE Sync;
```

Die Fernsteuerung eines PEARL Rechners ist bisher nur schwer durchführbar, insbesondere weil der entsprechende Client aufwendig implementiert werden müßte. Mit Hilfe einer Kommunikation mit Sockets kann die Fernsteuerung eines PEARL Modules durch eine Telnet-Sitzung auf einem beliebigen Client (hier für den festgelegten Port 3000) wie folgt realisiert werden (Notation in PEARL Pseudocode):

```
PORT: SOCK_IN (3000*0*0);
DCL Port DATION INOUT BASIC CREATED(PORT);

/**** Prozedur zum Einlesen einer Zeile (bis Zeilenumbruch) *****/
GetLine PROC RETURNS(CHAR);
  Zeichen = ' ';    /* alle Zeichen bis Zeilenumbruch aufsammeln */
  WHILE Zeichen <> NEWLINE
  REPEAT
    TAKE Zeichen FROM Port BY RST(Fehler);
    /* Fehlerbehandlung, insbesondere Timeout */
    Zeile = Zeile CAT Zeichen;
  END;
  RETURN Zeile;
END;

/******* Hauptprogramm ********/
OPEN Port BY RST(Fehler);
/* Eine Verbindung besteht */
IF GetLine == 'GEHEIM' THEN       /* Passwort ueberpruefen */
   REPEAT
     SEND 'PEARL# ' TO Port;      /* Prompt ausgeben */
     Zeile = GetLine;             /* Kommando einlesen */
     IF Zeile == 'exit' THEN
        EXIT;
     FIN;
```

```
    /* empfangenes Kommando auswerten und ausfuehren */
  END;
FIN;
CLOSE Port;
```

4 Fazit und Ausblick

Die Kommunikation über Sockets konnte im letzten Übungszyklus an unserem Institut erfolgreich eingesetzt werden. Dabei hat sich das Konzept als tragfähig erwiesen. Die zur Verfügung gestellten neuen **DATION**s erweitern die Interprozeßkommunikation unter PEARL90 für OS/2 über Rechnergrenzen hinweg und fügen sich nahtlos in die PEARL90 Laufzeitumgebung ein. Mit Hilfe der neuen **DATION**s lassen sich auch komplexere Aufgaben für Lernzwecke realisieren: Anbindungen an das WWW oder Implementierung eines einfachen Kommunikationsprotokolles in einer Hochsprache.

Die Grenzen des Konzeptes liegen sicherlich in der fehlenden Echtzeitfähigkeit der implementierten Kommunikation. Da auch blockierende Betriebssystemaufrufe eingesetzt werden (insbesondere read) ist eine durchdachte Programmierung in PEARL unumgänglich.

Das Konzept läßt noch Raum für weitere Entwicklungen. Der Treiber könnte um den Sockettyp DATAGRAM (verbindungslose Kommunikation) erweitert werden. Eventuell ließe sich auch eine Interruptsteuerung für die read Aufrufe umsetzen. Da der Treiber auf allgemeingültige Konzepte bei der Socket Kommunikation aufsetzt, ist eine Portierung auf andere Plattformen wie Linux denkbar. So könnte neben dem einfachen Einsatz in Übungen und Praktika für Anfänger auch auf UNIX typische Applikationen zugegriffen werden, wodurch komplexere Ausbildungsszenarien denkbar sind.

Literatur

[1] Bernd Reißenweber. *Programmieren mit PEARL.* R.Oldenburg Verlag, 1988.

[2] Leberecht Frevert. *Echtzeit-Praxis mit PEARL.* B. G. Teubner, 1985.

[3] Jim Frost. Bsd sockets: A quick and dirty primer, February 1990.

[4] MPTS Socket Programming Reference.

[5] Michael Kröner. Anpassung eines Treibers zur Einbindung eines Roboters in ein Laufzeitsystem für PEARL90 unter OS/2. Diplomarbeit, Universität der Bundeswehr München, 1995.

[6] *PEARL90 für OS/2 2.x, Benutzerhandbuch.*

[7] Björn Teichert. Entwicklung eines Treibers für die Einbindung einer Multifunktionskarte in ein Laufzeitsystem für PEARL90 unter OS/2. Diplomarbeit, Universität der Bundeswehr München, 1994.

[8] Wulf Werum, Hans Windauer. *PEARL Process and Experiment Automation Realtime Language.* Friedr. Vieweg & Sohn Verlagsgesellschaft mbH, 1978.

PEARL in der Sicherheitstechnik

Wolfgang A. Halang und **Alceu Heinke Frigeri***

Fachbereich Elektrotechnik
FernUniversität
D-58084 Hagen
{Wolfgang.Halang|Alceu.Frigeri}@FernUni-Hagen.de

Zusammenfassung Jeder der vier Sicherheitsanforderungsklassen (SIL) nach IEC 61508 wird eine Menge statischer und inhärent sicherer Sprachkonstrukte zugeordnet, deren Syntax die Einhaltung der jeweils geltenden Einschränkungen und Regeln erzwingt. Die Mengen sind so gewählt, daß darin formulierte Programme in jeder Klasse mit hinreichender Vertrauenswürdigkeit als korrekt nachgewiesen werden können. Für die drei unteren Sicherheitsklassen werden Derivate der Echtzeitprogrammiersprache PEARL vorgestellt, und zwar das sehr eingeschränkte Verifiable-PEARL zur Anwendung verifizierter Bausteinbibliotheken auf dem Niveau SIL 3, das eingeschränkte Safe-PEARL ohne Nebenläufigkeit auf SIL 2 und HI-PEARL für SIL 1 und asynchronen Mehrprozeßbetrieb. Außerdem werden inhärent sichere Sprachkonstrukte zur Formulierung von Ablaufplänen definiert.

1 Einleitung

Ökonomische Erwägungen geben strikte Randbedingungen für Entwicklung und Einsatz technischer Systeme vor. Dies gilt auch für Steuerungen mit Sicherheitsaufgaben. Damit diese zu niedrigen Kosten sich ändernden Anforderungen angepaßt werden können, wird von solchen Systemen hohe Flexibilität erwartet. *Mithin müssen auch sicherheitsgerichtete Systeme programmgesteuert sein.* Der Einsatz klassischer festverdrahteter, auf der Basis von Relais oder diskreter Logik aufgebauter Sicherheitssteuerungen wird deutlich zugunsten rechnergestützter abnehmen. Da sich somit das Problem der Programmverläßlichkeit erheblich verschärfen wird, sind beträchtliche Anstrengungen erforderlich, um die sichere Beherrschbarkeit programmgesteuerter Systeme zu erzielen. Das folgende Zitat macht die Tragweite des Problems deutlich:

> "We are now faced with a society in which the amount of software is doubling about every 18 months in consumer electronic devices, and in which software defect density is more or less unchanged in the last 20 years." [5].

* Gefördert durch die Bundesanstalt für Arbeitsschutz und Arbeitsmedizin, Dortmund, im Rahmen des Forschungsprojektes F 1636 "Untersuchungen zu Programmiersprachen mit eingeschränktem Sprachumfang für den Einsatz in Steuerungen mit Sicherheitsaufgaben — Methodenlehre sicherheitsgerichteter Echtzeitprogrammierung"

In Steuerungen mit Sicherheitsaufgaben eingesetzte Programme müssen streng verifiziert, d.h. einer sicherheitstechnischen Abnahme unterworfen werden, was eine sehr schwierige und bislang nicht zufriedenstellend gelöste Aufgabe darstellt. Dies wird noch durch die in der Steuerungstechnik vorherrschende Programmierpraxis erschwert, die durch den Einsatz ungeeigneter Hilfsmittel gekennzeichnet ist. Selbst die recht neue und in der internationalen Norm IEC 61131-3 [6] speziell für die Steuerungstechnik eingeführte höhere Programmiersprache "Strukturierter Text" schließt weder potentiell unsichere Sprachkonstrukte aus [11], noch wird eine sichere Teilsprache angegeben. In den meisten Fällen werden heute nicht anwendungsgerechte und nicht echtzeitfähige Sprachen wie C eingesetzt, und zwar nicht etwa, weil es keine geeigneteren Sprachen gäbe, sondern weil Markt und Kunden aus welchen Gründen auch immer es so fordern. Dies zwingt dazu, die Unzulänglichkeiten der benutzten Sprachen in komplizierter, für Dritte kaum nachvollziehbarer und nicht portabler Weise durch Betriebssystemaufrufe, Assembler-Einschübe u.ä. wettzumachen. Als typisches Beispiel für die damit erzeugte, völlig überflüssige Kompliziertheit und Intransparenz sei hier nur erwähnt, daß es einer Seite Programmcode in C bedarf [10], um die periodische Ausführung eines Rechenprozesses einzuplanen, jedoch nur einer einzigen, leicht lesbaren Zeile in PEARL:

at 12:00:00 **all** 1 SEC **until** 12:00:10 **activate** task1 **priority** 5;

Im weiteren Verlauf dieses Artikels werden wir zeigen, daß sich PEARL hervorragend eignet, in den unteren drei der vier Sicherheitsanforderungsklassen (SIL) nach IEC 61508 für die Programmierung sicherheitsgerichteter Automatisierungsaufgaben eingesetzt zu werden. Dazu definieren wir drei Derivate von PEARL, deren Syntax die Einhaltung der in der jeweiligen Sicherheitsklasse geltenden Einschränkungen und Regeln erzwingt, und zwar das sehr eingeschränkte Verifiable-PEARL zur Anwendung verifizierter Bausteinbibliotheken auf dem Niveau SIL 3, das eingeschränkte Safe-PEARL ohne Nebenläufigkeit auf SIL 2 und HI-PEARL für SIL 1 und asynchronen Mehrprozeßbetrieb. Außerdem werden inhärent sichere Sprachkonstrukte zur Formulierung von Ablaufplänen definiert.

Die Leitidee hinter diesen Vorschlägen ist, verläßliche und vorhersagbare Programmausführung durch Bereitstellung robuster und inhärent sicherer Sprachkonstrukte zu ermöglichen, die allgemein die Verhinderung von Programmfehlfunktionen zum Ziel haben, und zur sicherheitstechnischen Abnehmbarkeit automatisierungstechnischer Programme durch Komplexitäts- und Aufwandsreduktion beizutragen. Dieser Ansatz ist am Ziel moderner Qualitätssicherung orientiert, d.h. Fehler sollen nicht entdeckt, sondern systematisch vermieden werden.

Zentraler Gegenstand unserer Betrachtungen ist der Sicherheitsaspekt. Eine sichere Steuerung muß ihre Automatisierungsfunktion erfüllen, solange dabei keine Gefahr bewirkt oder zugelassen wird. Ansonsten muß sie eine Sicherheitsreaktion auslösen, die aus der Einleitung eines sicheren Zustandes oder anderer geeigneter Maßnahmen bestehen kann.

2 Grundsätzliche Erwägungen

Um die Korrektheit von Programmen mit einem Maximum an Vertrauenswürdigkeit und einem Minimum an Aufwand nachweisen zu können, erscheint der Einsatz von Programmierkonzepten geboten zu sein, die den Verifikationsprozeß so weit wie möglich unterstützen. Verifikation und mithin die Zusicherung, daß ein Programm offensichtlich fehlerfrei ist, ist in der Tat die Grundbedingung zur Erteilung eines Sicherheitszertifikats.

Von sicherheitsgerichteten Automatisierungssystemen zu erfüllende Bedingungen und Ziele können nur erreicht werden, wenn *Einfachheit* als fundamentales Entwurfsprinzip gewählt und (meistens künstliche) Kompliziertheit bekämpft wird. Beim derzeitigen Stand der Technik ist Einfachheit eine Grundvoraussetzung, um den Lizensierungsinstitutionen die formelle Abnahme rechnergestützter Systeme für sicherheitsgerichtete Automatisierungsaufgaben zu ermöglichen, denn ein einfaches System ist leicht zu verstehen und sein Verhalten ist leicht nachzuvollziehen. Dies ist der wesentliche Schritt auf dem Wege hin zur Verifikation seines korrekten Verhaltens im Sinne von Descartes [1]:

"Verum est quod valde clare et distincte percipio."

Descartes' Auffassung klarer und eindeutiger Verständlichkeit ist auch der Schlüssel, die Natur der Verifikation zu verstehen, die weder ein wissenschaftlicher noch ein technischer, sondern ein *sozialer Prozeß* ist. Dies gilt auch für mathematische Beweise, deren Korrektheit auf dem Konsens der Mitglieder der mathematischen Gemeinschaft beruht, daß bestimmte logische Folgerungsketten zu gegebenen Schlußfolgerungen führen. Für die Anwendung auf sicherheitsgerichtete Systeme und unter Berücksichtigung ihrer Bedeutung für Leben und Gesundheit von Menschen, aber auch für die Umwelt und Kapitalinvestitionen heißt das, daß dieser Konsens so breit wie möglich sein sollte. Daher müssen Systeme einfach und geeignete Programmverifikationsmethoden auch für Nichtexperten leicht verständlich sein — ohne dabei jedoch Abstriche an Strenge hinzunehmen.

3 Nach Sicherheitsklassen gestaffelte Programmiersprachenkonstrukte

Die Entwicklung von Verfahren zur Sicherheitsüberprüfung von Rechnerprogrammen steht noch ganz am Anfang und der erreichte Stand ist noch völlig unzureichend. So lassen sich formale Korrektheitsbeweise bisher nur für relativ kleine Programmeinheiten erfolgreich durchführen — womit erfreulicherweise bereits viele sicherheitskritische Funktionen abgedeckt werden können. Als weitere rigorose Methoden lassen sich in diesem Bereich auch häufig symbolische Programmausführungen und sogar vollständige Tests anwenden. Um zu beweisen, daß ein großes Programm die Anforderungen an eine sicherheitsgerichtete Steuerung erfüllt, steht zur Zeit nur die Technik der diversitären Rückwärtsanalyse [9] als Verifikationsmethode zur Verfügung.

Tabelle1. Zuordnung von Sprachkonstrukten und Verifikationsmethoden zu den Sicherheitsanforderungsklassen nach IEC 61508-1

Sicherheitsklasse	Verifikationsmethode	Sprachkonstrukte
SIL 4	Sozialer Konsens	Tabellenmarkierung
SIL 3	Diversitäre Rückwärtsanalyse	Prozeduraufruf
SIL 2	Symbolische Ausführung Formale Korrektheitsbeweise	Prozeduraufruf Zuweisung Alternativauswahl Wiederholungsbegrenzte Schleife
SIL 1	Alle	Inhärent sichere Anwendungsorientierte

Tabelle2. Zuordnung geeigneter Programmiersprachen zu den Sicherheitsanforderungsklassen nach IEC 61508

Sicherheitsklasse	Typische Programmiermethode
SIL 4	Ursache-/Wirkungstabellen
SIL 3	Verifiable-PEARL mit verifizierten Bibliotheken
SIL 2	Safe-PEARL
SIL 1	HI-PEARL

Ausgehend von der Überzeugung, daß Einfachheit, Beherrschbarkeit und leichte Verständlichkeit von Programmiermethoden die Sicherheit mit ihnen konstruierter Programme inhärent fördern, wird in Tabelle 1 für jede der vier Sicherheitsanforderungsklassen nach IEC 61508-1 [7] eine möglichst kleine Menge von Programmierkonstrukten derart ausgewählt, daß sich die Korrektheit darin ausgedrückter Programme den Anforderungen der jeweiligen Sicherheitsklasse genügend mit Hilfe zur Verfügung stehender Korrektheitsnachweisverfahren vertrauenswürdig zeigen läßt.

Die den beiden oberen Sicherheitsklassen SIL 4 und SIL 3 zugewiesenen Programmiermethoden Tabellenmarkierung und Aufruf (bereits verifizierter) Prozeduren sind die bislang einzigen, die beim derzeitigen Stand der Technik gestatten, hohen Sicherheitsanforderungen genügende Automatisierungsprogramme einfach und wirtschaftlich zu verifizieren. Die durchgeführte Auswahl von Programmierkonstrukten ist recht restriktiv und geht konzeptionell von gehobenen bis höchsten Sicherheitsanforderungen aus. Die Mengen werden zu niedrigeren Sicherheitsklassen hin nur um das unbedingt Notwendige erweitert, um auch dort Einfachheit und Übersichtlichkeit zu gewährleisten.

Tabellenmarkierung wird in Ursache-/Wirkungstabellen angewendet. Da es sich jedoch nicht um eine Programmiermethode im engeren Sinne handelt, betrachten wir im weiteren nur die drei unteren Sicherheitsklassen, denen in Tabelle 2 jeweils ein entsprechendes Derivat von PEARL zugeordnet wird. Derivate auf höheren Sprachniveaus sind dabei echte Teilmengen jener auf niedrigeren Niveaus. Somit muß nicht für jede Sicherheitsklasse eine neue Sprache gelernt werden. Außerdem können Übersetzer nachprüfen, ob Programme bestimmte Sicherheitsauflagen erfüllen. Der Ansatz, Teilmengen von PEARL für kritische Anwendungen zu definieren, gestattet, Programme nach bestimmten Sicherheitsanforderungen zu entwickeln und Code für sicherheitskritische und -unkritische Systemteile nahtlos miteinander zu verbinden.

4 Programmierung in Sicherheitsanforderungsklasse 3

Als ein Programmierverfahren, das sowohl zu leicht eingängigem und verifizierbarem Quell- als auch Objektcode führt, betrachten wir die in der Norm IEC 61131-3 [6] definierten Funktionspläne. Mit ihrer langen Tradition in der Steuerungs- und Regelungstechnik ist die in Abb. 1 dargestellte graphische Programmierung in Form von Funktionsplänen in der Automatisierungstechnik bereits gut etabliert. Die Funktionsplansprache kennt nur vier verschiedene Strukturelemente: (1) Funktions- und Funktionsblockrahmen, (2) Datenflußlinien, (3) Namen und (4) (externe) Anschlußpunkte.

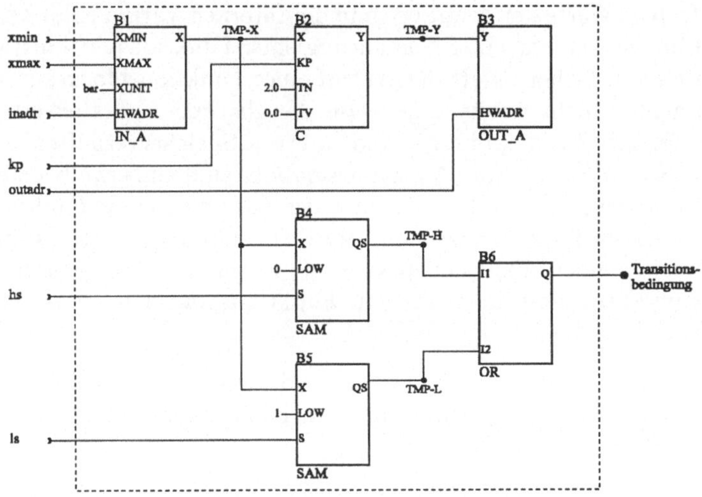

Abbildung 1. Funktionsplan eines Programmes zur Druckregelung und -überwachung

Das in Tabelle 3 definierte Derivat Verifiable-PEARL umfaßt genau die Sprachmittel, die zur Funktionsplanprogrammierung in textueller Form benötigt werden. Zu seiner formalen Definition benutzen wir eine Erweiterung der klassischen Backus-Naur-Form. Dabei stehen eckige Klammern [ ] für optionale syntaktische Ausdrücke und die Symbole * und + für mindestens 0- bzw. 1-malige Wiederholung des markierten Ausdruckes. Variablen, Prozeduren und Typen sind in dieser Sprache lediglich Namen.

Funktionen und Funktionsblöcke sind höhere, stark anwendungsbezogene und wiederverwendbare elementare Einheiten der Anwendungsprogrammierung. Sie

Tabelle3. Formale Syntax der Teilsprache Verifiable-PEARL

```
⟨module⟩    ::= MODULE [(⟨name⟩)] [⟨problem⟩] MODEND;
⟨problem⟩   ::= PROBLEM [⟨proc-spec⟩]* [⟨var-decl⟩]* [⟨task-decl⟩]
⟨proc-spec⟩::= SPC ⟨name⟩ : PROC ⟨lst-of-par⟩ ⟨return-type⟩; [GLOBAL];
⟨var-decl⟩  ::= DCL ⟨name⟩ : ⟨type⟩;
⟨task-decl⟩ ::= ⟨name⟩ : TASK [GLOBAL]; ⟨proc-stmt⟩+ END;
⟨proc-stmt⟩::= ⟨proc-name⟩ ⟨lst-of-par⟩;
⟨lst-of-par⟩::= ( ⟨par⟩ [,⟨par⟩]* )
⟨par⟩       ::= ⟨const⟩ | ⟨var-name⟩
```

sind Unterprogramme, die Ein- und Ausgänge beliebiger Datentypen haben und beliebige Verarbeitungsfunktionen durchführen können. Bei ihrer Ausführung liefert eine Funktion genau ein Datenelement als Ergebnis, das mehrwertig sein kann. Funktionen enthalten keine internen Zustandsinformationen. Von Funktionsblöcken können mehrfache, benannte Instanzen, d.h. Kopien, kreiert werden. Jede Instanz hat einen assoziierten Bezeichner und eine Datenstruktur, die ihre Ausgabe- und internen Variablen sowie möglicherweise auch ihre Eingabevariablen enthält. Alle Werte der Ausgabe- und der internen Variablen in einer solchen Datenstruktur bleiben von einer Ausführung einer Funktionsblockinstanz bis zur nächsten erhalten. Daher liefert der Aufruf eines Funktionsblockes mit den gleichen Argumenten nicht notwendigerweise die gleichen Ausgabewerte ab. Dies ist notwendig, um Rückkopplungs- und internes Speicherverhalten ausdrücken zu können. Nur die Ein- und Ausgabevariablen sind außerhalb einer Funktionsblockinstanz zugänglich, d.h. die internen Variablen eines Funktionsblockes bleiben nach außen hin verborgen und sind so strikt geschützt. Durch die Verbindungslinien in einem Funktionsplan wird ein Datenfluß dargestellt.

Programmentwicklung in Form von Funktionsplänen ist sehr einfach und erfolgt in zwei Schritten:

1. *einmalige* Erstellung einer Funktions- und Funktionsblockbibliothek und
2. *anwendungsspezifische* Verknüpfung von Funktionen und Funktionsblockinstanzen.

Entsprechend dieses Entwicklungsverfahrens werden in Form von Funktionsplänen konstruierte Programme auch in zwei Stufen verifiziert:

1. Vor ihrer Freigabe werden im Rahmen einer Typprüfung zuerst alle in einer Bibliothek enthaltenen Funktionen und Funktionsblöcke mit geeigneten, in der Regel formalen, Methoden verifiziert. Eine solche recht teure sicherheitstechnische Abnahme braucht nur einmal für ein bestimmtes Anwendungsgebiet durchgeführt zu werden, nachdem eine geeignete Funktionsblockmenge identifiziert wurde. Die durch hohe Sicherheitsanforderungen gerechtfertigten Abnahmekosten können somit auf viele Implementierungen verteilt werden, was zu relativ geringen Kosten für jedes einzelne Projekt führt. Normalerweise reichen recht wenige Bibliothekselemente zur Formulierung aller Programme in einem bestimmten Bereich der Prozeßautomatisierung aus.

2. Für jedes gegebene Anwendungsprogramm muß dann nur noch die korrekte Implementierung des entsprechenden Zusammenschaltungsmusters aufgerufener Funktionen und Funktionsblockinstanzen (d.h. ein bestimmter Datenfluß) verifiziert werden. Zu diesem Zweck läßt sich auf der Verknüpfungsebene aus bereits verifizierten Funktionsblöcken zusammengesetzter Programme, die die Qualität und das Niveau anwendungsgerichteter Spezifikationen haben, das in [9] eingeführte allgemeinverständliche Verfahren der diversitären Rückwärtsanalyse verwenden, das von Ingenieuren und TÜV-Prüfern leicht und wirtschaftlich eingesetzt werden kann. Auf Grund der Natur der Entwicklungsmethode bleibt der Prüfaufwand dabei gering.

5 Programmierung in Sicherheitsanforderungsklasse 2

Der volle Sprachumfang höherer Programmiersprachen ist in den seltensten Fällen erforderlich, um die Funktionalitäten der in der Steuerungstechnik benötigten Funktionen und Funktionsblöcke formulieren zu können. Aus diesem Grunde wird unter Beschränkung auf das wirklich Notwendige in Tabelle 4 eine Safe-PEARL genannte, inhärent sichere Untermenge von PEARL durch Angabe der Sprachmittel definiert, die Safe-PEARL zusätzlich zu Verifiable-PEARL hat. Die vorkommenden Ausdrücke enthalten die üblichen logischen und arithmetischen Operatoren. Der Umfang von Safe-PEARL orientiert sich daran, daß alle Elemente der in der Richtlinie VDI/VDE 3696 [12] eingeführten Funktionsblockbibliothek damit implementierbar sind. Um die Teilmenge zum Einsatz unter Bedingungen der Sicherheitsklasse SIL 2 zu qualifizieren, ist sie in einfacher Weise und (halb-) automatisch formal überprüfbar und läßt ausschließlich Schleifen zu, deren Durchlaufanzahl begrenzt ist. Als ausführbare Sprachmittel umfaßt sie allein Prozeduraufrufe, Zuweisungen, Alternativauswahlen und wiederholungsbegrenzte Schleifen. Die Anforderung, daß jede Prozedur einen vollständigen Satz von Vor-, Nach- und Invariantenbedingungen haben muß, erleichtert den Prozeß formaler Verifikation, da die angegebenen formalen Bedingungen zu beachtende Richtlinien und Auflagen darstellen, und garantiert auch bessere Dokumentation jeder Prozedur und jedes Moduls durch formalere Spezifikation der beabsichtigten Einsatzzusammenhänge. Die Korrektheit in Safe-PEARL formulierter Programme kann werkzeugunterstützt mit Logik höherer Ordnung, einer typisierten Variante von Churchs höherer Prädikatenlogik, bewiesen werden [8].

6 Programmierung in Sicherheitsanforderungsklasse 1

Die den Anforderungen sicherheitsgerichteter Echtzeitprogrammierung in der Sicherheitsanforderungsklasse SIL 1 genügende Version von PEARL wurde bereits in [4] als H(igh) I(ntegrity)-PEARL definiert. Ihre syntaktische Form folgt der Tradition von PEARL, d.h. die Formalisierung ist äußerst gering ausgeprägt, so daß auch diese Sprachkonstrukte ohne vorherige Schulung von Ingenieuren sofort gelesen und unmißverständlich interpretiert werden können.

Tabelle4. Formale Syntax der Erweiterungen in Safe-PEARL gegenüber Verifiable-PEARL

⟨*problem*⟩	::= PROBLEM [⟨*proc-spec*⟩]* [⟨*decls*⟩]+ [⟨*task-decl*⟩]
⟨*task-decl*⟩	::= ⟨*name*⟩ : TASK [GLOBAL]; ⟨*cond*⟩ ⟨*body*⟩ END;
⟨*decls*⟩	::= ⟨*var-decl*⟩ | ⟨*proc-decl*⟩
⟨*var-decl*⟩	::= DCL ⟨*name*⟩ : ⟨*type*⟩;
⟨*proc-decl*⟩	::= ⟨*name*⟩ : PROC ⟨*lst-of-par*⟩ ⟨*return-type*⟩; ⟨*cond*⟩ ⟨*body*⟩ END;
⟨*cond*⟩	::= [*PRECOND* ⟨*body*⟩ *END;*] [*POSCOND* ⟨*body*⟩ *END;*]
⟨*body*⟩	::= [⟨*var-decl*⟩]* [⟨*stmt-seq*⟩]
⟨*stmt-seq*⟩	::= [⟨*stmt*⟩;]*
⟨*stmt*⟩	::= ⟨*assign-stmt*⟩ | ⟨*cond-stmt*⟩ | ⟨*for-stmt*⟩ | ⟨*proc-stmt*⟩
⟨*assign-stmt*⟩	::= ⟨*variable*⟩ := ⟨*expr*⟩
⟨*cond-stmt*⟩	::= IF ⟨*Bool-expr*⟩ THEN ⟨*stmt-seq*⟩ [ELSE ⟨*stmt-seq*⟩] FIN
⟨*for-stmt*⟩	::= FOR ⟨*var-name*⟩ [FROM ⟨*const*⟩ [BY ⟨*const*⟩]] TO ⟨*const*⟩ [WHILE ⟨*Bool-expr*⟩] REPEAT ⟨*stmt-seq*⟩ END

Einerseits ist der Sprachumfang von HI-PEARL gegenüber PEARL in einigen Aspekten eingeschränkt, andererseits werden die drei, in Tabelle 5 aufgeführten Gruppen neuer, inhärent sicherer Konstrukte definiert. Die erste Gruppe enthält Elemente, die sowohl die Formulierung häufiger Anwendungen erleichtern als auch zur Überwachung von Prozeß- und Betriebsmittelzuständen sowie der Dauer von Synchronisierungs- und Betriebsmittelanforderungsoperationen dienen. Weitere Sprachmittel sind nötig, um Betriebssystemdienste steuern zu können, die verläßliche und vorhersagbare Programmabläufe unterstützen sollen. Schließlich umfaßt die dritte Gruppe Hilfsmittel zur Programmverifikation, deren Gebrauch nur wenige Steueranweisungen erfordert.

Um die Sprache HI-PEARL zum Einsatz in der Sicherheitsanforderungsklasse SIL 1 zu qualifizieren, wurde auf eindeutige Semantik, strenge Typisierung, adäquate Schnittstellenkonzepte, Modularität und Selbstdokumentierung geachtet. Die benutzten Programmierkonzepte sind einfach und am Denken und den Bedürfnissen der Benutzer orientiert. Die Sprache bietet weder die Möglichkeit, dynamische Elemente zu deklarieren, noch enthält sie unstrukturierte Konstrukte wie Sprunganweisungen, Semaphore oder Bolts. Statt dessen stellt sie strukturierte Sprachmittel zur Behandlung von Ausnahmesituationen und Konzepte zur Behandlung von Zeitbedingungen und Ereignissen bereit und unterstützt inhärent die Verhinderung von Systemverklemmungen. Eine Reihe weiterer Merkmale dient dazu, daß in HI-PEARL ausgedrücktes Verhalten immer zeitdeterministisch und in seiner Laufzeit abschrankbar ist. Auf dieser Grundlage läßt sich die Systemzuteilbarkeit garantieren, was die wichtigste Eigenschaft für den *harten* Echtzeitbetrieb ist.

7 Eine sichere Ablaufplansprache

Eine spezielle Klasse von Anwendungen der Automatisierungstechnik sind Ablaufsteuerungen, in denen Algorithmen als Abfolgen von Schritten definiert sind,

Tabelle5. Sicherheitssteigernde Echtzeitfunktionalitäten

Sicherheitsfördernde zusätzliche Sprachkonstrukte
— Anwendungsorientierte Synchronisierungskonstrukte — Überwachung des Auftretens von Ereignissen innerhalb von Zeitfenstern — Überwachung von Ereignisauftretensreihenfolgen — Zeitliche Überwachung von Synchronisierungsoperationen — Zeitliche Überwachung von Betriebsmittelanforderungen — Abschrankbarkeit der Ausführungszeit aller Anweisungen — Fertigstellungstermine für Prozeßausführungen — Strukturierte Behandlung von Ausnahmesituationen — Verfügbarkeit aktueller Prozeß- und Betriebsmittelzustände — Beschränkung auf statische Merkmale, sofern nötig
Sicherheitserhöhende Betriebssystemdienste
— Inhärente Verhinderung von Systemverklemmungen — Garantie der Systemzuteilbarkeit — Zeitgerechte Zuteilungsalgorithmen — Frühe Entdeckung und Behandlung transienter Überlastzustände — Allmähliche Leistungsabsenkung — Bestimmung gesamter und verbleibender Prozeßlaufzeiten — Vorhersagbares Ausführungs(zeit)verhalten (*auch und gerade in Ausnahmesituationen*) — Verfügbarkeit genauer Zeitinformation — Genaue Zeitabstimmung von Operationen — Dynamische Rekonfiguration verteilter Systeme bei Fehlerauftritt — Unterstützung von Programmdiversität
Hilfsmittel zur Programmverifikation
— Annotation mit semiformalen Vor/Nachbedingungen und Invarianten — Anwendungsnahe Simulation unter dem Ablaufbetriebssystem — Unterbrechungssimulation — Unterbrechungs- und Ereignisaufzeichnung — Zustandsverfolgung

die nacheinander oder — manchmal — nebenläufig ausgeführt werden sollen. Um diese zu formulieren, definiert die Norm IEC 61131-3 [6] die spezielle, unter Programmiersprachen einzigartige Ablaufplansprache. Sie dient zur Partitionierung von Programmorganisationseinheiten in Schritte und Transitionen, die durch gerichtete Verbindungen verbunden sind. Mit jedem Schritt ist eine Menge von Aktionen und mit jeder Transition eine Übergangsbedingung assoziiert.

Die Ablaufplansprache nach IEC 61131-3 ist jedoch für Steuerungen mit Sicherheitsaufgaben ungeeignet, da ihre Syntax die Programmierung von Systemverklemmungen und Verstöße gegen eine Reihe von Sicherheitsregeln zuläßt, denen sequentielle Ablaufpläne unterliegen. Um diese Mängel zu beheben, wurden bereits in [3] die in Tabelle 6 zusammengefaßten Erweiterungen von PEARL zur Formulierung sequentieller Ablaufpläne definiert. Als Gliederungselement für Hauptprogramme, Prozeduren und Rechenprozesse fügen sich sequentielle

Tabelle6. PEARL-Sprachelemente zur Formulierung sequentieller Ablaufpläne

sfc	::= **SEQUENCE** sfc-body **ENDSEQ**;
sfc-body	::= step [(transition | alternatives) (sfc-body | parallel)]
alt-body	::= (step | parallel) [(transition | alternatives) alt-body]
step	::= **STEP** [statement-string] **ENDSTEP**;
transition	::= **TRANSITION** Boolean-expression;
parallel	::= **PARALLEL THREAD** sfc-body {**THREAD** sfc-body} **ENDPAR**;
alternatives	::= **SELECT BRANCH** transition alt-body transition {**BRANCH** transition alt-body transition} **ENDSCT**;

Ablaufpläne problemlos in die bestehende PEARL-Syntax ein. Das wird durch deutliche Abweichungen von der Syntax nach der Norm IEC 61131-3 erreicht, ohne jedoch die Funktionalität zu verändern.

Literatur

1. R. Descartes: *Meditationes de prima philosophia, in quibus Dei existentia et animae humanae a corpore distinctio demonstrantur.* Paris, 1641.
2. DIN 66 253-2: *Programmiersprache PEARL 90.* Berlin-Köln: Beuth Verlag, 1998.
3. W.A. Halang: Erweiterung und Anwendung von PEARL zur Programmierung speicherprogrammierbarer Steuerungen. In *PEARL 90*, W. Gerth und P. Baacke (Hrsg.), pp. 12 – 21. Informatik-Fachberichte 262. Berlin-Heidelberg: Springer-Verlag, 1990.
4. W.A. Halang und A.D. Stoyenko: Extending PEARL for Industrial Real-Time Applications. *IEEE Software*, 10, 4, 65 – 74, 1993.
5. L. Hatton: *Safer C: Developing for High-Integrity and Safety-Critical Systems.* McGraw-Hill, 1995.
6. IEC 61131-3: *Programmable Controllers, Part 3: Programming Languages.* Genf: Internationale Elektrotechnische Kommission, 1992.
7. Entwurf IEC 61508-1 (VDE 0801): *Funktionale Sicherheit — Sicherheitssysteme. Teil 1: Allgemeine Anforderungen.* Genf: Internationale Elektrotechnische Kommission, Dezember 1995.
8. J.J. Joyce und C.-J.H. Seger (Hrsg.): *Higher Order Logic Theorem Proving and Its Applications.* Lecture Notes in Computer Science, Vol. 780. Berlin-Heidelberg-New York: Springer-Verlag, 1993.
9. H. Krebs und U. Haspel: Ein Verfahren zur Software-Verifikation. *Regelungstechnische Praxis rtp* 26, 73 – 78, 1984.
10. P. Schlatter: *Konzeption und Realisierung der Abbildung hoher Echtzeitsprachmittel von PEARL auf die Programmierumgebung C/QNX.* Diplomarbeit, Universität Stuttgart, Institut für Regelungstechnik und Prozeßautomatisierung, 1993.
11. K. Tourlas: An Assessment of the IEC 1131-3 Standard on Languages for Programmable Controllers. In *SAFECOMP 97*, P. Daniel (Hrsg.), pp. 210 – 219. London: Springer-Verlag, 1997.
12. VDI/VDE 3696: *Herstellerneutrale Konfigurierung von Prozeßleitsystemen.* Berlin-Köln: Beuth Verlag, 1995.

JAVA für Embedded Systeme mit harten Echtzeitanforderungen – ein Lösungsansatz

Dr.-Ing. Wolfgang Kabatzke
Automatisierungstechnik A&D SE V31
Siemens AG Hamburg
Lindenplatz 2
D - 20099 Hamburg

1. Intro

Bei der Entwicklung sicherheitsrelevanter eingebetteter Echtzeitanwendungen, deren Versagen zu irgend einem beliebigen Zeitpunkt durchaus tödliche Folgen haben kann, ist die Sprache ADA derzeitig immer noch die sicherste Programmiersprache. Jedoch, viele Entwickler beharren (Macht der Gewohnheit) auf C, C++ und ggf.,. auch auf PASCAL. Durch die Vielfältigkeit der Möglichkeiten bei der Nutzung der Sprachen gilt es auch hier eine gewisse Unsicherheit im Auge zu behalten. Seit ca. 2 Jahren werden daher viele Diskussionen in Richtung JAVA geführt. Man erhofft sich durch die Eigenschaften von JAVA einen wesentlichen Sprung was die Verbesserung der Sicherheit von Anwenderapplikationen betrifft.
JAVA bedeutet landläufig:

Sicherheit
C-Syntax (und C++)

Vorab einige Bemerkungen und Eigenschaften zu JAVA.

2. Was ist JAVA?

JAVA ist ein ANSATZ zur hardwareunabhängigen Programmierung. Schaut man sich die Hauptbestandteile von JAVA an, so kann man 3 Hauptbestandteile definieren:

- die objektorientierte Programmiersprache JAVA selber
- die JAVA Virtual Machine (JAVA VM), die den Ablauf von JAVA auf verschiedenen Hardwareplattformen ermöglicht
  - die JAVA VM kann ablaufen auf:
    - einem Rechner mit Betriebssystem (Software VM)
    - in einem Chip als „JAVA in silicon" ➔ JAVA-Chip
- Softwaremodule (auch Anwenderprogramme genannt), die wiederverwendbar gestaltet sind

JAVA wurde ursächlich für die Welt der Embedded Systems geschaffen. Die ursprünglichen Ziele haben sich gewandelt. Wir finden heute JAVA auch vor:

- Im Consumer Markt (z. B. im „WEB-TV“)
- Als Programmiersprache im klassischen Sinn neben C / C++

JAVA ist für Embedded Systems geeignet, jedoch speziell der Hauptanwendungsbereich Automatisierungstechnik macht Anpassungen erforderlich hinsichtlich:

- Prozessor (z. B. INTEL, Motorola, ZILOG, verschiedene Mikrocontroller, ...)
- Speicherausbau
- JAVA-VM (bedingt durch die verwendete Prozessorplattform)
- ECHTZEITFÄHIGKEIT
- Performance
- Sicherheit

In der Literatur zu JAVA und den speziellen Einsatzmöglichkeiten in der Automatisierungstechnik werden häufig PRO- und CONTRA-Aussagen verwendet, die in Tabelle 1 zusammengestellt sind:

PRO JAVA	CONTRA JAVA
Portierbarkeit bringt Investitions-sicherung	Einarbeitungsaufwand für Altanwender in Entwicklungsumgebung und Programmiersprache
Sicherheit in der Programmierung	Anpassung an die HW (Prozessoren) sind notwendig, wenngleich nur einmalig
ZEITERSPARNIS bei Implementation und Test	Kompatibilitätsprobleme bei Betriebs-systemwechsel, wenn JAVA VM nicht korrekt portiert wurde
Einfache und günstige Entwicklungs-umgebung	Eventuell notwendige API müssen in ihren Eigenschaften portiert werden
VEREINHEITLICHUNG der Softwarebasis	Keine Zugriffe auf I/O
Verteilte Objekte werden möglich	Keine Zugriffe auf Memory
Leichte Anbindung an LAN / WAN !!	Echtzeitfähigkeit ????
Möglichkeit des dynamischen Nachladens von Applikationen	
Migrationsmöglichkeiten zwischen verschiedenen Betriebssystemplattformen	

Tabelle 1: PRO und CONTRA JAVA – eine Gegenüberstellung

3. JAVA für die Automatisierung – der Ansatz

Der Markt der Embedded Systeme im Bereich der industriellen Automatisierung ist ein sehr heterogener Markt. Diese Aussage gilt für den Bereich der Hardware, aber noch mehr für den Bereich der Software. Verglichen mit dem Bereich der PC-Technik gibt es weder bei den Prozessoren einen klaren, dominanten Marktführer, noch bei den Betriebssystemen mit den vielen Herstellern von kleinen Echtzeitkerneln und proprietären Inhouse-Lösungen.
Im Vergleich zum PC-Markt sind folglich die Kosten für Systemsoftware relativ hoch. Daher ist eine ständige Tendenz zu beobachten, Aufgabenstellungen aus diesem Bereich mit Hardware und Software aus dem Massenmarkt zu lösen. JAVA als Programmiersprache ist auf dem Wege dazu eine dominierende Stellung als universelle Programmiersprache einzunehmen. Eine Analyse der Gründe dazu ergibt folgende interessante Ergebnisse, die als Erweiterung zu den Standardaussagen zu JAVA zu nennen sind:

- JAVA ist nicht nur eine Sprache, sondern konstituiert mit dem Objektformat JAVA- Bytecode und der JAVA-VM eine vollständige Systemplattform. Damit werden komplette Entwicklungssysteme bis hin zum inkrementellen remote Laden von Modulen als ganzes direkt nutzbar bzw. austauschbar. Portierungsprobleme, wie sie z. B. klassisch durch den Übergang von einem Compiler auf einen anderen entstehen, verschwinden.

- Die zunehmende Etablierung der Objekt- bzw. einer Komponentenorientierung im Embedded Bereich. JAVA kommt hierfür zum richtigen Zeitpunkt und hat gegenüber C++ ganz deutliche Produktivitätsvorteile. Dies zeigt sich auch bei der Weiterentwicklung der Komponententechnologie COM von Microsoft, wo mit COM+ versucht wird, den Programmierer von komponentenbasierten Systemen von unnötigen Aufgaben und Formalien zu befreien und wo deswegen das C++-System spezifische Erweiterungen erfahren muß, JAVA aber schon alle notwendigen Voraussetzungen dafür mitbringt .

- Ein typisches Charakteristikum von Embedded Systemen ist eine remote Zugangsmöglichkeit für *Bedienen und Beobachten*. Internet-Technologie scheint sich auch hier als der zukünftige Standard durchzusetzen.

4. Zielbereich

Wie jede Art von Strukturierung kostet natürlich auch Objektorientierung und der damit verbundene zusätzliche Schnittstellenaufwand zwangsweise Ressourcen, d. h. dies liegt zwangsweise in der Natur des Prozesses. Hier müssen insbesondere Prozessorleistung und Speicherplatz bereitgestellt werden, wenn man das neue Konzept umsetzten möchte. Zur Zielbestimmung müssen wir den Begriff *Embedded*

Echtzeitsysteme einführen, zugleich aber auch eingrenzen. Es sind hier nicht die Systeme gemeint, bei denen aufgrund sehr hoher Stückzahlen bei der Hardware um Pfennige gerungen wird. Es geht vorrangig um den Bereich, in dem für moderate Stückzahlen Software mit allgemeinen Programmiersprachen entwickelt werden muß. Anwendungen in diesem Zielbereich können durch folgende Gemeinsamkeiten charakterisiert werden:

- Seltene und damit meist zeitunkritische Ladephasen, aber ständig wiederholte Ausführung.
- Gute Ressourcennutzung ist zwingend. Aus billigen, verlustleistungsarmen Prozessoren muß maximale Geschwindigkeit herausgeholt werden können.
- Harte Echtzeitfähigkeit im Sinne von definierbarer Deterministik mit vorausberechenbaren Reaktionszeiten im Worstcase-Fall. Diese Anforderung wird in den meisten Fällen unterbewertet bzw. gar nicht betrachtet.
- Eine Möglichkeit des bei *Embedded Echtzeitsystemen* üblichen remote Debugging and Testing

Die JAVA-Effizienz hat zwei Defizite, d. h. die langsamere Ausführung bei Verwendung der Interpretationstechnik und / oder „on the fly"-Übersetzung und relativ großer Speicherverbrauch für den Just-in-Time-Compiler (JIT)
In der Historie waren die ersten Abarbeitungsplattformen, d. h. die JAVA-VM, vollständig interpretierende Systeme. Diese werden aber zunehmend durch compilierende Systeme abgelöst. Zur Laufzeit arbeitende Compiler sind aber wegen der dann fehlenden Deterministik für den Echtzeitbereich nicht brauchbar. Mit Systemen, bei denen vorab und vollständig auf Maschinencode übersetzt wird, geht die JAVA-VM-Eigenschaft verloren. Es ist dann keine Maschine mehr, die in Bytecode vorliegende Klassen laden kann.
Beide Ziele, nämlich die vollwertige und kompatible VM und die bestmögliche Abarbeitungsgeschwindigkeit, werden mit der im folgenden vorgestellten JAVA-VM-Implementierung erreicht, die ein Compilieren und Linken unmittelbar beim Laden einer Klasse vornimmt. Dabei kann als zusätzliche Optimierungsmöglichkeit Offline-Compilierung und Ladezeitcompilierung wie folgt gemischt werden:

- Vorab zu einer ablauffähigen Einheit compilieren und statisch linken, eventuell notwendige „native" Komponenten werden ebenfalls statisch hinzugebunden.
- Alle notwendigen Basis- bzw. Systemklassen sind vorab compiliert und stehen als normale Bibliotheken zur Verfügung.
- Optional können Codegenerator und dynamischer Linker hinzugefügt werden, um das Nachladen von Klassen zu ermöglichen.
- „Native" Komponenten können optional auch dynamisch geladen werden.

- Eine Mischung zwischen statisch gebundenen und dynamisch nachgeladenen Klassen ist immer möglich, eine rein dynamische Lösung ist jedoch auch konfigurierbar (außer Basisklassen).

Die resultierende Gliederung des Gesamtsystems in seine prinzipiellen Bestandteile wird in Bild 1 gezeigt. Dabei entspricht der grau hinterlegte Teil (zuzüglich Laufzeitsystem) der Funktionalität einer Java-VM.

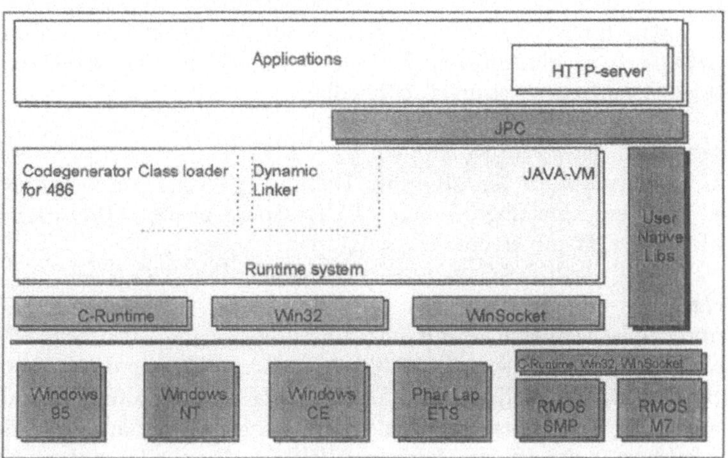

Bild 1: Gliederung des JAVA-Gesamtsystems mit den vorgeschlagenen Erweiterungen

4.1 Codegenerator

Über eine reine Assemblierung hinaus wird bei der Codegenerierung u. a. eine Optimierung für eine gute Registernutzung durchgeführt. Diese lokalen Optimierungen verlängern den Übersetzungsvorgang nicht wesentlich, bringen aber eine deutliche Laufzeit- und Codereduktion.

Da keinerlei interpretative Komponente mehr vorhanden ist, muß der Bytecode-Compiler zusätzlich zur Umsetzung in Maschinencode auch die notwendigen Datenstrukturen zur Verwaltung der Klassen und zur Ermöglichung von virtuellen Methodenaufrufen erzeugen. Dazu werden „Virtual Function Tables" angelegt, die in den jeweiligen Objekten referenziert werden. Wegen der Möglichkeit des „Overloading" müssen die Namen von Methoden vollqualifiziert sein (Klassenname, Methodenname, Parameterkennung).

4.2 Dynamischer Linker

Der Linker kann mehrere Programme unabhängig voneinander verwalten, d. h. eventuell auch wieder entfernen. Alle für ein Programm notwendigen Klassen werden compiliert, falls nicht schon statisch vorhanden, alle externen Referenzen der einzelnen Klassen aufgelöst. Eventuelle „native" Komponenten werden automatisch geladen und können genauso implementiert werden wie für den Interpreter. Stubs werden nicht benötigt.

4.3 Laufzeitsystem

Die Schnittstelle zum Betriebssystem ist für die im Bild 1 aufgeführten Systeme realisiert. Für eine gute Portierbarkeit ist eine gleichmäßig schnelle Speicher- und Objektverwaltung unabhängig vom Betriebssystem notwendig. Sie ist deswegen zweischichtig ausgelegt, da Speicher vom Betriebssystem nur in größeren Einheiten angefordert wird. Das effiziente, d. h. möglichst schnelle Ermitteln und „Aufräumen" von Objekten ohne Referenzen, die „Garbage Collection", wird durch dafür optimierte Datenstrukturen der Objektverwaltung unterstützt. Dies ist synchron und asynchron möglich. Da durch die Garbage Collection Echtzeitaktivitäten in keiner Weise beeinflußt werden dürfen (siehe Kapitel Echtzeit), kann die asynchrone Garbage Collection mit niedriger bzw. einstellbarer Priorität erfolgen. In Echtzeit-Threads erzeugte Objekte werden deswegen gesondert behandelt.

4.4 Remote Debugging

Optional kann ein Debuganschluß für „Remote Debugging" konfiguriert werden. Darauf aufbauend ist ein Debugging auf JAVA-Sourceebene (Breakpoints, Threadwatching) möglich, z. B. mit einem PC.

4.5 Ressourcenbedarf

Der Ressourcenverbrauch ist vergleichbar mit einer Interpreterlösung. Der Codebedarf für Codegenerator und Linker liegt für einen 80486-Prozessor bei knapp unter 100kB. Für speicherplatzeffizientere Befehlslisten, wie z. B. die von ARM-Thumb, kann der Platzbedarf um bis zu 50% geringer ausfallen. Vergleichbares gilt auch für den generierten Code. Rechnet man die zur Funktionalität des Bytecodes notwendige Information (Konstanten, Symboltabellen) dazu, so ergibt sich in etwa der gleiche Platzbedarf, bzw. es ergibt sich zwischen unterschiedlichen Prozessoren die gleiche Bandbreite, wie wir sie für den generierten Code anderer Sprachen auch kennen.

5. Echtzeitfähigkeit – JAVA in Real-Time ?

JAVA in seiner ursprünglichen Ausprägung stellt noch nicht die ideale Programmiersprache für Echtzeitanwendungen dar. Diese Probleme sind von Anbeginn dar, sie sind erkannt und an der Beseitigung dieser Probleme wird weltweit intensiv gearbeitet. Interessant ist in diesem Zusammenhang die Definition des Begriffes ECHTZEIT. Die Fachleute und die Fachliteratur, die sich im Fachgebiet der Automatisierungstechnik und Leittechnik bewegt, definiert Echtzeit:

- Forderung nach Gleichzeitigkeit und Rechtzeitigkeit, d. h. quasiparalle Programmbearbeitung

Nach DIN 44 300 wird Echtzeit als deterministisches Zeitverhalten mit in einer vorgegebenen Zeitspanne verfügbaren Ergebnissen definiert.
Viele Anwender definieren Echtzeit weniger streng, d. h. dieselben sprechen von:

- **harter Echtzeit**
  das Überschreiten einer Zeitspanne wird als totales Versagen des Gesamtsystems definiert
- **weicher Echtzeit**
  das Überschreiten von Zeitspannen wird akzeptiert, wobei der entstehende Schaden gering ausfällt

Wir nehmen als Kriterium zur Definition der Echtzeitfähigkeit die Definition nach DIN 44 300, d. h. die Echtzeitfähigkeit wird hier reduziert auf garantierte maximale Reaktionszeit (bounded response). Eine solche Garantie ist als Standardfunktion eines jeden Echtzeitbetriebssystems anzusehen. Geht man von einem streng prioritätsgesteuertem, preemptiven Scheduling vonTasks/Threads aus, so ist dieses letztlich bestimmt durch die Priorität der Anwendungsroutine innerhalb des Gesamtprioritätsschemas aller Aktivitäten des Gesamtsystems. Ein solches Prioritätenschema ist beispielhaft in Bild 2 gezeigt.
Für JAVA heißt dies, daß die verfügbaren JAVA-Thread-Prioritäten auf die entsprechenden Prioritäten des Echtzeit-Kernels gemapped werden müssen, um für diese Zeitkomponente die harte Echtzeit zu erreichen. Wie in Bild 2 gezeigt, können für extrem kurze Reaktionszeiten JAVA-Callback-Routinen auch direkt als Interrupthandler ausgeführt werden, da das I/O-Interface ein solches Mapping erlaubt und die VM-Implementierung keinen eigenen Interpreterstack benötigt.

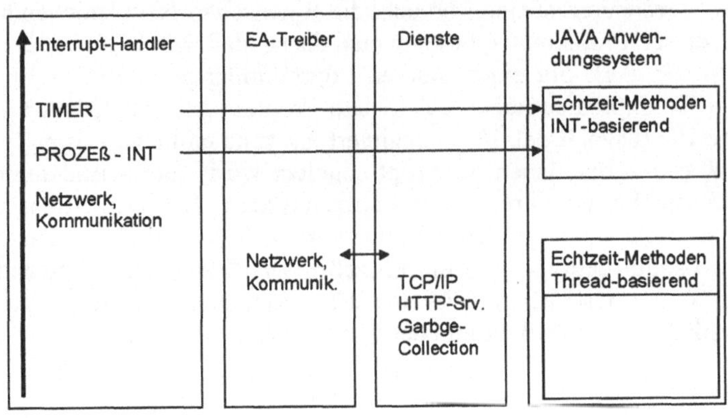

Bild 2: Für das Prioritätsschema des JAVA-Gesamtsystems ist es entscheidend, daß die Echtzeit-Methoden höherprior als die übrigen System-Dienste ablaufen.

Wichtig ist, daß in diesem Prioritätsschema, wie in Bild 2 gezeigt, die Garbage Collection mit niedrigerer Priorität als die JAVA-Echtzeitroutinen arbeitet. Voraussetzung dafür ist eine Programmstruktur, bei der alle Objekterzeugungen in einer zeitunkritischen, niederprioren Anlaufphase durchgeführt werden und die zeitkritischen, hochprioren Routinen der Produktivphase nur statische Objektpopulationen kennen.

Der Programmierer kann leicht die Übersicht über die Einhaltung einer solchen Struktur behalten. Die Fakten, die dies begünstigen, sind:

- Nur ein kleiner Teil der Software eines Systems muß harte Echtzeitbedingungen erfüllen.
- Dieser Teil, bzw. embedded Anwendungen generell, nutzen nur ein minimales API von JAVA, bei dem „versteckte" Objekterzeugungen leicht vermieden werden können.

Das oft angeführte Argument, daß JAVA kein streng prioritätsgesteuertes preemptives Threading garantiert, bzw. man aus Portabilitätsgründen nicht davon ausgehen darf, wäre ein Widerspruch in sich selbst, denn hier soll ja ein ganz bestimmtes Zeitverhalten erreicht werden. Es kann und muß also eine solche Implementierung des JAVA-Threading API gewählt werden. Auf diese Weise wird man mit JAVA so echtzeitfähig, wie es das darunterliegende Betriebssystem ist, also hart echtzeitfähig mit einem Echtzeit-Kernel und weich echtzeitfähig, z.B. mit Windows-NT.

6. I/O-Schnittstelle

JAVA sieht in seiner ursprünglichen Ausprägung und Definition die Einbettung in eine spezielle Prozeßhardware mit Aktoren und Sensoren nicht vor. Es ist daher nicht möglich, daß in JAVA auf speziell Register, Ports oder Speicherzellen zugegriffen werden kann. Der Prozeßautomatisierer braucht die Eigenschaft lebensnotwendig. Die Idee zur Lösung dieser Problematik besteht nun darin, daß wir ein *abstract layer* definieren, in dem wir z. B. mit einer anderen Programmiersprache (C, C++) diese notwendigen Zugriffe implementieren. Das zweite Problem ist, daß JAVA nicht für interruptgesteuerte I/O (asynchrone I/O) konzipiert ist. Eine einfache Lösung wäre z. B. ein Thread, daß pro vorhandenem Interrupt angelegt wird . Beim Einlaufen eines Interrupt wird der zugehörige Thread vom Laufzeitsystem (Echtzeitbetriebssystem) aktiviert. Dies ist nicht im Standardumfang von JAVA enthalten. An diesen Ausführungen wird somit deutlich, daß ein Prozeß-I/O-API zwingend notwendig ist. Wie Bild 3 zeigt, konvertiert die mit diesem API verbundene Schicht bidirektional zwischen der physikalischen I/O-Welt und der Objektwelt von JAVA.

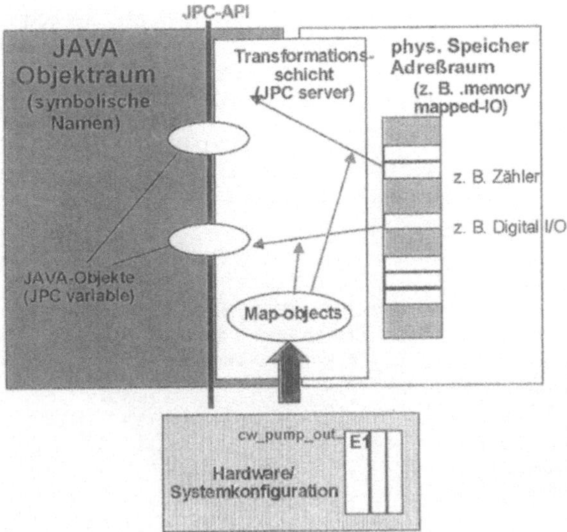

Bild 3: Die Transformation von I/O-Signalen auf JAVA-Objekte (JPC-Variablen) erfolgt mit Hilfe von Mapping-Objekten, die durch Projektierung erzeugt werden.

6.1 I/O-Transformation

Für **jede** I/O-Variable (Bit, Byte, ...) gibt es ein JAVA-Proxy-Objekt mit einem korrespondierenden Wert. Die Abbildungsfunktion auf die reale I/O-Einheit wird beim Anlegen dieses JAVA-Objektes erzeugt. Für die nachfolgenden Zugriffe gibt es zwei Möglichkeiten:

- Die Abbildungsfunktion und damit der Transfer von und zu Peripherie wird durch einen expliziten Aufruf der *read/write-* Methoden des JAVA-Proxy-Objekts durchgeführt.
- Die JAVA-Proxy-Objekte werden Ausführungseinheiten zugeordnet, d. h. Aktivitäten innerhalb einer Gruppe. Wenn immer eine Aktivität angestoßen wird, z. B. durch einen Timer oder durch einen sonstigen I/O-Interrupt, werden als Prolog die IN-Abbildungsfunktionen aller zugeordneten JAVA-Proxy-Objekte durchlaufen. Wenn der JAVA-Anwendungscode aktiviert wird, haben alle zugeordneten Proxy-Objekte den aktuellen Wert. Gleichermaßen werden durch den impliziten Epilog die physikalischen OUT-Variablen wieder aktualisiert.

Dieses API wollen wir als *J*AVA for *P*rocess*C*ontrol (JPC) bezeichnen. Eine ursprüngliche Motivation bei JPC war wie bei OPC der standardisierte Zugriff von Benutzern auf das eigentliche Steuerungssystem, damit z. B. HMI-Systeme mit Steuerungssystemen unterschiedlicher Hersteller zusammenarbeiten können. Diese Zielsetzung impliziert im allgemeinen einen remote Zugang. Die Nutzung eines solchen APIs für den lokalen I/O-Zugriff eines Controllers selbst erscheint zunächst erst als ein durch JAVA bedingter, leistungsfressender Ballast. Es zeigt sich jedoch, daß der damit verbundene dynamische Overhead insbesondere durch das Konzept der Gruppen verschwindend gering gehalten werden kann. Für ein Gesamtsystem wird damit aber die sehr erstrebenswerte Eigenschaft eines formal völlig ortstransparenten Datenzugriffs erreicht. Das Erstellen von „neutralen“ Programmen - die dann einem speziellen Host zugeordnet werden - ist extrem einfach. Dieser ortstransparente Zugriff gilt für alle Arten von JPC-Variablen eines verteilten Systems wie im Bild 4 skizziert.

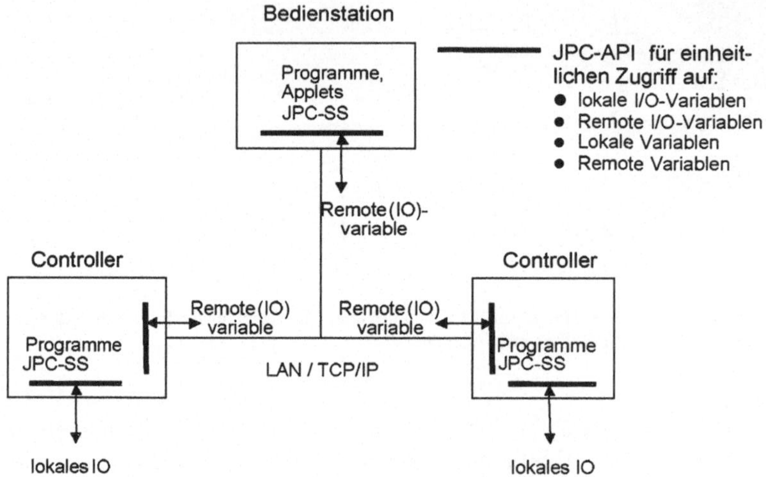

Bild 4: JPC ermöglicht den ortstransparenten Datenzugriff auf I/O-Variablen und Software-Variablen, sowohl lokal als auch remote.

6.2 Struktur von JPC

Die Client/Server-Struktur von JPC ist in Bild 5 skizziert. Der JPC-Server besteht wie gezeigt aus einem JPC-Manager, der das Framework für mehrere Provider bereitstellt. Kommunikation über Systemgrenzen hinweg erfolgt zwischen JPC-Servern.

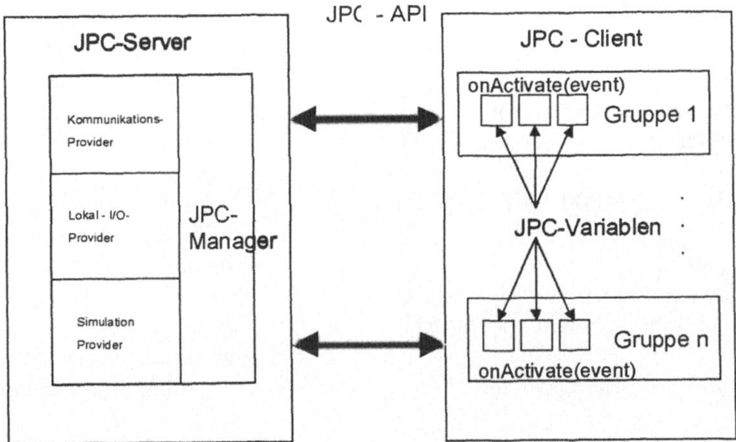

Bild 5: JPC ist auf ein Client/Server-Modell abgebildet, das den Datenzugriff realisiert.

Der in Bild 5 gezeichnete „lokale“ Provider ist dabei generisch zu verstehen, denn entsprechend den physikalischen Anschlußmöglichkeiten können mehrere oder unterschiedliche „lokale“ Provider innerhalb eines Systems existieren. Ein Beispiel wären unterschiedliche Provider für *memory-mapped-* und für *I/O-Port*-basiertem Anschluß. Für relative Adressierung lassen sich auch Hierarchien bilden, wie z. B. bei einem Profibus-DP-Anschluß mit *../Profibus/ET200/Baugruppe/...* Die bei der Auflösung eines solchen Pfades angesprochenen Objekte werden *offline* im Rahmen der HW-Projektierung editiert (z. B. Property Sheets).
Der Kommunikationsprovider ist immer vorhanden. Ein Herauslösen ist zwar prinzipiell möglich, wird aber nicht weiter betrachtet, da auch bei Stand-alone-Systemen der Zugang von Programmier- oder sonstigen Wartungsgeräten über serielle Leitung und PPP mit einem Web-Browser möglich sein soll. Damit muß TCP/IP immer vorhanden sein. Für die Datenübertragung wird beim asynchronen, d. h. schnellen hochzyklischen Verkehr UDP verwendet, ansonsten TCP. Wie die Programmierung auf JAVA-Ebene aussieht, ist in Bild 6 gezeigt.
Anzumerken ist, daß sich eine Gruppendefinition und damit das Ablaufmodell nur an den Nutzungsanforderungen orientiert, so wie sie vom Client gebraucht wird. Es ist die ganze Bandbreite von einem rein Event-getriebenen Modell bis zu einem reinen Zyklusbetrieb wie bei PLC möglich. Wie in Bild 6 gezeigt, kann anstelle einer symbolischen Adressierung (ortstransparent) von JPC-Variablen auch eine logische Adressierung verwendet werden.

Die Call-Back-Routine könnte auch direkt auf einen Interrupt gemapped werden, denn das remote-Datum *ctr* wird asynchron bereitgestellt. Die Routine kann nirgendwo durch ein Warten auf Daten blockiert werden.

```
public class Mmodell implements ActivateListener
{
	public Mmodell()
	{
	...                                                    // JPC initialization
	// Create activation event for group.
	event = server.createEvent("controlTimer",             // event name
	true,                                                  // cyclic event
	CYCLE_TIME*1000,                                       // activation time in usec
	"/rts/timer",                                          // URL for timer event
	this);                                                 // listener
	// Create a group with cyclic activation.
	group = server.createGroup("controlGroup",             // group name
	event,                                                 // activation event
	-(Thread.MAX_PRIORITY),                                // thread based activation
	0,                                                     // no watch dog
	ACTIVATE_ON_RUN);                                      // activation only in RUN state
	// Create JPC-variables.
	ctr = group.createItem((short)0, "host2/io/local/counter416/inshort0", BaseType.IN);    // short type
	ref = group.createItem(false, "/io/local/digital_out392/outbit5", BaseType.OUT);      // boolean type
	group.addItems();                                      // validate and add variables
	group.setActive();                                     // activate group
	}
// Listener activation.
public void onActivate(EventBaseType event)
	{
	if (ctr.value > MAX_CTRL)
	ref.value = true;
	}
}
```

Bild 6: Das Programmbeispiel zeigt die Erzeugung einer JPC-Gruppe, die zyklisch durch einen Timer aktiviert wird.

7. Zusammenfassung und Beispielapplikation

Konkret demonstriert werden die mit dieser Technik erreichten Eigenschaften in einem Beispiel an einem Motorsteuerungsmodell und eine komplett in JAVA geschriebene Applikationssoftware (siehe Bild 7). Ein SICOMP-

Industriemikrocomputer (IMC) SICOMP-SMP16 mit entsprechender Peripherie (±10V Analogausgänge, Inkrementalgeber-Eingänge, Digital-I/O, ...) steuert zwei Motoren, auf deren Wellen zwei mit diametralen Schlitzen versehene Scheiben aufgebracht sind (siehe Bild 3). Die beiden Scheiben müssen sich exakt synchron drehen, damit sich die Schlitze genau mittig überdecken können und den Weg des Lichtstrahls von S1 nach E1 freigeben. Dadurch empfängt E1 den Lichtstrahl von S1. Da beide Motoren getrennt geregelt werden, muß dazu die mit zyklischer Abtastung arbeitende Regelung äußerst präzise und zeitgenau arbeiten. Wird kein Lichtstrahl empfangen, so wird folgerichtig ein Fehler signalisiert. Wurde der Lichtstrahl von S1 auf E1 empfangen, so wird als Reaktion darauf der Sender S2 der Lichtstrecke 2 kurzzeitig eingeschaltet. Wurde schnell genug reagiert und S2 eingeschaltet, so ist der Schlitz noch im Bereich der Lichtstrecke 2 und es wird auf E2 ein Signal empfangen werden. Wenn nicht, so wird auch hier folgerichtig ein Fehler signalisiert. Mit dem Erhöhen der Drehzahl steigt automatisch die Anforderung an die Reaktionsgeschwindigkeit des Modellsystems.

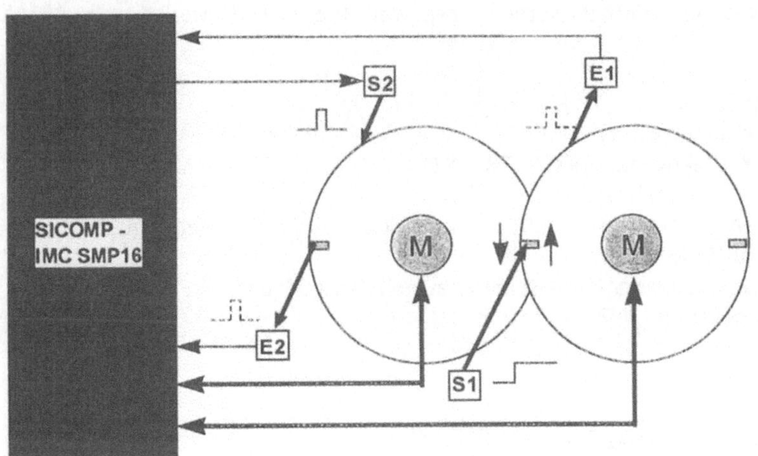

Bild 7: Schematischer Aufbau des Motormodells zum JAVA-Evaluation-Projekt

Über die plakative Demonstration der erreichbaren Schnelligkeit hinaus, werden mit diesem Modell eine Reihe grundsätzlicher Fakten gezeigt. So demonstriert dieses Modell:

- daß der Einsatz kostensparender Softwaretechnologien nicht immer nur durch signifikanten Mehrverbrauch von HW-Ressourcen insbesondere durch mehr Prozessorleistung erkauft werden muß. So beträgt beispielsweise der zusätzliche Overhead für den JAVA-Zugriff auf ein memory mapped I/O-Signal gegenüber einer C oder C++ Lösung bei einem Pentium 200 weniger als 0,1 µs.

- den Begriff harte Echtzeit. Gleichgültig womit das SICOMP-IMC-System mit RMOS (RMOS: Realtime Multitasking Operating System) sonst noch belastet wird, eine bestimmte *worst case* Reaktionszeit wird immer eingehalten. Das gleiche SW-System d.h. Applikation mit der schnellen JAVA-VM unter Win/NT zeigt im Schnitt vergleichbare Werte aber immer dann, wenn das System mit anderen Aktivitäten belastet wird wie z.B. mit dem Zugriff eines Beobachtungsapplet gegeben (HTTP-Server), treten Reaktionsfehler auf.

JAVA ist auch für den Einsatz in Embedded Systemen mit harten Echtzeit-Anforderungen geeignet. Dazu bedarf es einer speziellen Implementierung der JAVA-VM und eines JAVA-APIs für den Zugriff auf Prozeß-I/O-Daten. Beides kann sehr effizient und vollkommen JAVA-konform implementiert werden. Auch wenn das oft zitierte *write once run anywhere* für den Echtzeitteil wegen der Bedeutung des Zeitverhaltens und der Systemumgebung einen geringeren Stellenwert besitzt, so können doch die sonstigen mit JAVA gegebenen Produktivitätsvorteile voll genutzt werden, was sich insbesondere bei Projekten mit hohem SW-Kostenanteil auswirkt.
Bestmögliche Ablaufgeschwindigkeit und gute Speicherplatzeffizienz kann auch mit General-purpose-Prozessoren erreicht werden. Damit können auch Systeme mit etablierten Prozessoren genutzt werden bzw. voll von den Vorteilen von JAVA profitieren.

[1] Realtime Java
Sergio Mentenegro
Design & Elektronik, 6/98, S. 78 – 83

[2] Eine JAVA-Plattform für embedded Anwendungen mit harten Echtzeitanforderungen
Wolfgang Hartmann, Karl-Heinz Krause, Reiner Plaum
JAVA-Spektrum, 2/98

[3] Klappe, die 1.1ste
Claudia Piemont
c't, 6/97, S. 364 - 371